自律的人，
都拥有开挂的人生

齐露露　著

吉林文史出版社
JILINWENSHICHUBANSHE

在阿富汗阿姆河畔的阿伊哈努姆城，竖立着一座纪念碑，上面雕刻着来自希腊圣地特尔斐的那句箴言，令来往行人无不默然驻足：

童年时，听话；青年时，自律；成年时，正义；老年时，智慧；死去时，安详。

《少有人走的路》这本书里也有异曲同工的一句话："自律，是解决人生问题的首要工具，也是消除人生痛苦的重要手段。"

不自律的人生，我们都太过熟悉。嘴里嚷嚷着"三月不减肥，六月徒伤悲"，还没节食几天便放弃了。

明明想要早睡，却又捧着手机熬着最长的夜。

羡慕别人早早就实现了财务自由，立誓学习却依旧三天打鱼，两天晒网。

……

还记得有一次聚会的时候，有个朋友调侃道："成年人几乎可以分为两种状态，一种是真正的成熟，一种只是徒增年龄而已。"生活中，太多人明明已经到了三十而立的年纪，却整天怨天尤人，唉声叹气。我们为现状焦虑，却又不知道该如何改变，只好整天抱着手机上网，虚度时光。我们坚持得最久的事情好像只有睡懒觉，除此之外都是三分钟热度。

"明明知道但改不了"的坏习惯充斥着每一个平凡的日子，总有那么一刻，内心的罪恶感如波涛般汹涌，我们幡然醒悟，痛斥自己的不自制，决心改变，可到了第二天又继续循环往复……

拖延、懒惰、种种任性而发的情绪，像充溢着毒气的"糖雾"，迷惑我们的视线，麻痹我们的神经，并一点点侵蚀着我们的心智，扰乱我们的人生进程。

想要解决这种种痛苦，改变糟糕的现状，唯有自律。"亮剑只需一瞬，磨剑却需一生。"克己自律能带来的不仅是身体的改变，还有思维的修正。爆发的行动力能让原本可望而不可即的心愿变成现实，只有这种"埋头去做，一切皆在掌控之中"的安全感才能带来真正的自由。

泰国短片《只有你可以改变你自己》中，遥远山庄里的胖女孩儿日日受到嘲讽与欺负，她不愿意再过这样痛苦不堪的生活，却又不知道该如何改变自己。

直到有一天，奶奶告诉她，村子后面的山丘上有口枯井，凡人将枯井灌满，神佛就会现身帮他实现愿望。女孩儿心里顿时升起无限希望。每天，她信心满满地挑着沉甸甸的木桶，一遍遍穿行在小道上，汗水洒满一路。无论多苦多累，她都默默坚持了下去。

短片的最后，女孩儿并未等来神佛。但她倒映在水中的身影与面庞，变得清瘦靓丽。从来没有白吃的苦和白受的累，而所有的美丽与优秀，背后都离不开苦行僧般的努力。

对自律的人而言，绝大部分努力都发生在旁人看不见的地方。加西亚·马尔克斯曾悲观地表示："生命里曾经有过的所有灿烂，终究都需要用寂寞来偿还。"而我说："你曾默默承受过的一切孤苦、寂寞的时光，生命都将回馈你以灿烂。"

选择了自律，意味着我们要学会孤军奋战，注定要走过一段孤苦寂寞的时光。身边很多年轻人抱怨说："我也想努力，可没有一个人看好我、支持我，我的努力又有什么意义呢？"

这无异于借口。得到了外界暖心的支持，便用努力去回报他人的信任；受到了大家的质疑，也不必气馁，应越发坚强勤奋，勇敢背负压力默默前行。唯有自己能给自己带来最强大的支撑。熬过了这段备受嘲讽、无人点赞的时光，后面定会繁花似锦。

自律的人，往往目标明确，五年计划、三年目标、一年攻略，包括每月、每周、每天要做到怎样的事情，达到怎样的效果都列得清楚明白，无论何时都心中有数。

自律的人，更有着极强的时间管理能力。他们脚步铿锵，目标明确，哪怕生活烦乱不堪，也能冷静地理出头绪。他们懂得如何排除干扰，集中注意力；懂得如何利用碎片化时间完成更多的人生计划，如何将每一分每一秒都"压榨"出最大的功效。

自律的人，大多能掌控欲望与情绪。正因他们从不"外求于物"，从不将享受视为人生的唯一目的，才能提前将世情名利的诱惑及时扼杀于萌芽状态。他们亦很少失控，每当负面情绪袭来时，总能勇于直面惨淡的人生，不沮丧不抱怨，从容平和地朝前迈步。

意大利作家卡尔维诺的一段话曾对我产生了深刻的影响，他说："我对任何唾手可得、快速、出自本能、即兴、含混的事物都没有信心。我相信缓慢、平和、细水长流、踏实、冷静的力量。我不相信缺乏自律精神、不自我建设、不努力，可以得到个人或集体的解放。"

自律的人都是到了关键时刻主动推自己一把的人。选择自律，是因为不甘于接受庸碌无为的命运，想要从现在开始为自己的人生好好燃烧一次。而这样的人才能得到岁月的厚爱，才能遇见更美好的自己。

CONTENTS

目 录

PART 2

99% 的努力，
都发生在别人看不到的地方

PART 3

自律达人必备：
一个斩钉截铁的目标

PART 4

管好每分钟,
就能改变生命的密度

PART
7

不拖延，
真正决定你人生高度的是行动力

PART
8

**拒绝三分钟热度，
才能持续精进**

PART 1

所有的优秀背后，
都是苦行僧般的自律

你和身材销魂的人之间
只差两个字：自律

　　曾有人说："一个女人如果连自己的体重都控制不了，何以掌控自己的人生！"以前我对这句话很不屑，人世间那么多美食，如果连口腹之欲都要放弃，岂不是活得太虐心了吗？

　　大年三十晚上，家人都聚在一起看春晚，当穿着一身修身西服、身材窈窕的"佟掌柜"出现在舞台上时，母亲感慨道："哟，真没认出来，还以为是哪个刚红的女明星呢。"查了查闫妮的年龄，蠢蠢欲动想要拿零食的手不自觉又放了回去。原来闫妮都快50岁了。不得不说，她的身材也太好了：纤细的腰，瘦削的背，还有逆天大长腿，简直像少女一样。

以前的闫妮，当然也很好看。但提起她，印象最深的还是《武林外传》里说着一口陕西方言，市井气十足，"土美土美"的客栈女掌柜。生活中，她也一直被贴上"时尚黑洞"的标签。有一段时间身体还像吹胀了的气球似的，人显得滚圆又憨厚。

为了减肥，闫妮做了两件事：少吃，多运动。闫妮在记者会上曾调侃自己："因为我是属猪的，所以嘴根本停不下来。"可为了能瘦下来，她改变了以往胡吃海塞的饮食习惯，开始均衡饮食，少油少盐。有时候工作忙了一整天，到了晚上她也能坚持少吃，或者干脆不吃。

多少个夜晚，她都在饥饿中睡去。她甚至戒掉了生平最爱——汤汁饱满、热气腾腾的牛肉面。有一次，她喃喃抱怨说，节食以来，已经半年没有吃过牛肉面了。

运动方面，闫妮也吃了很多苦。一边抵抗饿意，一边跳健身舞。她每天都要跳操，每个动作做20~30次。演戏间隙，别人在休息，她却泡在健身房，有氧、无氧双结合，直至汗流浃背。有时候她也会去打打拳击，练练瑜伽。

一顿"操作"下来，闫妮足足瘦了30斤。很多人见到她都会大吃一惊，然后缠着她传授减肥秘诀。闫妮坦言："就是少吃、多运动啊。"网友们却大多持怀疑态度："我也跳过操，也办过健身卡，可没什么用啊；节食也没用，反而越来越肥。"

其实做什么运动，选择哪种减肥食谱都是次要的，最重要的还是坚持。有人说："不自律，毁半生。"我深以为然，想要变美，就少不得那份疯狂的自律。

年轻时，身材和面容来自于父母；30岁之后，就全靠自己了，我们身上的每一块赘肉，都是向慵懒生活妥协的结果。要将身材当作事业来管理，如果连身材都控制不了，又如何控制自己的人生？

彭于晏的人生履历可以用一句话来概括："胖不要紧，减了肥，世界都是你的。"网上曾爆出一张彭于晏小时候的照片，所有人看了都倒吸一口凉气。照片中的他憨憨胖胖的，挺可爱，但与他现在身材健硕、帅气逼人的模样判若两人。

从一个拥有易胖体质的小胖墩到如今这个肌肉线条分明的健身达人，可以想见他付出了多少努力与艰辛。2011年，彭于晏得知有个导演正在筹拍一部讲述体操运动员真实故事的电影，便毛遂自荐，想出演男主角。

为了证明自己可以胜任这个角色，他每天花12个小时做一件事：体操训练。随着训练强度的逐渐增大，他的手上磨满了老茧，身材与动作一天比一天标准。

他苦练了 8 个月，每天重复着单杠、吊环、鞍马这一系列的体操项目，等电影真正开始拍摄的时候，他的水准已接近一名真正的体操运动员。让人钦佩的是，哪怕电影拍完、上映后，他也没放弃管理身材，反而一直坚持着高强度的健身运动。

这让他得到了另一位导演的赏识，拥有了拍《激战》的机会。这一次，他的角色是一个专业拳击手。他又紧锣密鼓地投入了训练，每日不停地打拳、练拳。

事后回想起这段经历，彭于晏用了"不堪回首"四个字来形容。他说："每天早上 7 点起床开始练功，一直练到中午，然后洗洗澡吃完午饭补个觉，下午又开始一样的练习，每天都湿透好几套衣服。每天健身两三个小时，练拳四五个小时。"

通过严格自律，彭于晏练就了一副标准的好身材，用亲身经历告诉我们，唯有自律者，才能拥有想要的人生。

有人说，自律的过程无异于一场苦修。也有人说，自我重塑很苦，却也很快乐。更重要的是，当我们真正付出行动时，一定能看到变得更完美的自己。

如果想变得更美，想拥有一副令人艳羡的身材，就一定要将自律融入生活日程中。既然身材没达到理想状态，那就去健身，去跑步，去练瑜伽；那就从今天开始，将十分饱改为六分饱，将重油重盐的火锅、超甜的奶茶改为清淡的沙拉、微苦的绿茶……

当我们真的瘦下来，看到一个焕然一新的自己，就很难再容忍自己肥胖时的样子。因为变美是一件令人上瘾的事情。而当我们对生活全力以赴时，生活也会以同等分量的馈赠回报我们。我们挨过的饿、流过的汗都会被写进成长的履历里。

所谓的好运气，
都藏在咬牙坚持的灵魂里

　　命运用来区分普通人的，从来不是某个机缘，而是你正在做的某件事。没有任何成功是毫不费力就能得到的，也没有任何好运会无缘无故砸到你的头上。你所看到的所谓好运，都需要用力汲取养分，然后在你忽视的地方，咬牙坚持，用力生长。

　　午休的时候打开《朗读者》的节目视频，只见董卿优雅地走上舞台。她嗓音温柔，笑如春风，话语间藏着无比坚定的力量："他们说人生有六个字，前面三个是'不害怕'，后面还有三个，'不后悔'，努力去做吧。"

　　我把这期节目反反复复看了几次，董卿那些温柔美好的话语一直萦绕在心间。《朗读者》最火的时候，身边很多同龄人都会定时追看，讨论，反复咀嚼着节目中的"金句"。记得一位朋友说："董卿运气也太好了吧，第一次当制作人，节目就办得这么成功。"

我虽然没有当场反驳她，心里却响起一个声音："这世上哪有那么多好运气，难道成功的人都是运气好的缘故吗？"还记得董卿在接受记者采访时说："从主持人到制作人，再困难，再失望也没想过放弃，《朗读者》是我20多年一步步走出来的。"

创办《朗读者》之前，董卿连续10年出现在春晚的舞台上，其中连续8年获得央视"年度十佳主持人"的荣誉。

长久的耕耘成就了如今舞台上出口成章、应变自如的她。突然有一天，她不再满足于过往的成就，于是固执地向自己发出了一份挑战。但是想做出一档成功的节目谈何容易。筹备初期的很长一段时间，董卿都在四处奔波，到处筹钱，还要协调各方面关系，寻找播出平台。节目制作期间，她更得加班加点地赶进度，每天只有几个小时的睡眠时间。

有关董卿的一则新闻让我感动。有一次，她一直在机房里工作到凌晨4点，再过几个小时就得出席媒体见面会。身边的工作人员不时催她去休息，劝她："你这个样子怎么见媒体？"然而，如期出现在见面会现场的她笑容明丽。她调侃说，自己当了制作人后忘了主持人的身份：

"女主持人更应该把光鲜靓丽的一面呈现给大家，但我今天凌晨4点还在机房，如果状态不是那么好，麻烦摄影师朋友们把我修得美一些。"她的这些俏皮的话语引得现场一片笑声。

节目播出后，反响很好。有熟人对董卿说："你很行啊，第一次做制作人就取得这么好的成绩。"董卿却说："我觉得如果没有20多年职业生涯的历练，没有青歌赛，没有春晚舞台，没有之前的《中国诗词大会》，就不可能有现在的《朗读者》。我就是这样一步步走过来的。"

谈到"运气"这两个字，董卿笑了："我相信天道酬勤，我觉得世界上没有真正的运气，所谓的运气就是你付出足够的努力，自然会得到回报。"

有句话说得好："好运只是个副产品，只有当你不带任何私心杂念，单纯地去做事情时，它才会降临。"所谓的好运，不过是机遇恰好撞上了我们的勤奋与努力。

如果天上的馅饼真的砸到了那些得过且过的人的头上，

只会叫他头疼。这个世界上还没有人能靠着运气无往不利，轻轻松松到达人生巅峰。何况，只有一个人走了足够多的路，能力积累到了一定高度，才能收获真正的好运。

前段时间，郎朗做客高晓松的《晓说》。他谈起发生在1999 年，撞在 17 岁的他身上的一个"大运"。在芝加哥拉文尼亚音乐节明星演奏会上，著名的钢琴演奏家安德鲁·瓦兹临上场前身体不适。那是一场世界瞩目的音乐会，两万多现场观众屏气凝息，等待着大师出场。

指挥家艾森巴赫急得像热锅上的蚂蚁，这时，他脑中突然蹦出了一个名字——郎朗。于是 17 岁的郎朗被临时拉来救场。他在台上弹起了柴可夫斯基的《第一钢琴协奏曲》，镇定自若，一气呵成。现场观众被震撼了，从此记住了这个少年的名字。

那场演出之前，郎朗毫无名气，可那场音乐会使他坐上了火箭，"以后就很容易了。第二天，美国爱乐乐团等美国五大音乐团都开始邀请我参加表演。"

人们都说，那个中国小子撞上了大运。艾森巴赫却说，他之所以愿意给郎朗这个机会，是因为他值得。15 岁之前，郎朗把所有高难度的曲子都练得炉火纯青。光看他小时候的练琴时间表就能知道他有多拼命：早晨 5 点 45 分起床，练琴 1 小时；中午回家吃饭后练琴 45 分钟；晚上放学后练琴 2 小时；晚饭后练琴 2 小时；节假日和寒暑假无休，练习时间加倍。

一夜成名后，郎朗依旧每天坚持练琴，从不间断。哪怕演出任务繁重，他也要挤出时间来练琴。这一份自律仿佛刻进了骨子里，无论何时他都不肯松懈。

哪有伸手可得的机遇？机遇虚无缥缈，你根本不知道它什么时候会降临到你的头上。你唯一能做的，就是在机遇来临之前，咬牙坚持。

曾在网上读到这样一段话，不由得拍手叫好："人们普遍会在 30 岁前后经历一些认知变化：年轻时看重的某些显性优势，如智力、口才等，逐渐让位于自律、耐心、踏实等品格。因为这时，需要借由时间验证的真相已初现端倪，自律、耐心等品格会帮助我们走得更长更久，是度过人生考验的关键。也许有人可以凭借运气一时得志，但持续的成功一定不是凭借运气。"

每个人都是自己命运的建筑师。如果我们从未感受过"努力到无能为力"是何种滋味，却一味梦想着平步青云，只怕早已失去抱怨命运的资格。我们如果自甘堕落地生活，锱铢必较于生命的种种缺憾，那么只会在生不逢时的喟叹中一次次错失良机。

　　如果我们将生活中的一切不顺都归诸"坏运"，却将别人的成就总结为"好运"，那么这个"坏运"可能会贯穿我们的后半生。拼尽全力，才能拥有所谓的好运与好命。只因所有的好运都来自于自己，都藏在咬牙坚持的灵魂里。

那些长期坚持跑步的人，
后来都怎样了

有没有那么一瞬间，你脑海中闪过这样一个问题，跑步到底给你带来了什么？

跑步是一件再平凡不过的事情。可有那么一群人能将这件无比平凡的事情日复一日地坚持下去，10 年，20 年，30 年，乃至一生。他们因为跑步，告别了颓丧邋遢的过往，迎来了充满惊喜的人生。跑步这件小事，也因此带来了一个奇迹。

村上春树的《当我谈跑步时我谈些什么》是我每年都要温习的书之一。他曾说过的一句话也被我视为人生的座右铭："我超越了昨天的自己，哪怕只是那么一丁点儿，也极为重要。在长跑中，如果说有什么必须战胜的对手，那就是过去的自己。"

1982 年秋，33 岁的村上春树突然迷上了跑步。此后的30 年，他每年参加一次全程马拉松比赛。从日本北海道的佐吕间湖畔到美国马萨诸塞州的剑桥，再到希腊马拉松长跑古道，他风雨无阻，一直在奔跑。100 千米长的"超级马拉松"他只跑过一次，让他终生难忘。

那是在 1996 年。那天清晨 5 点，村上春树踌躇满志地出发了。到达 55 千米的休息站后，他按了按肿胀的双脚，换上一双大半号的跑鞋，休息了一会儿后重新上路。

55 千米到 75 千米之间的路程似乎被转换成了"地狱模式"，村上春树拼命地摆动双臂，只觉得自己像是一块被绞肉机蹂躏的牛肉。他每呼吸一口，就觉得胸口如刀割般疼痛。

就在他想要放弃的时候，一位老奶奶冲到了他的前边。老奶奶回头，冲他大喊："坚持下去！"在他愕然之际，那位老人的身影渐行渐远。

他心里突然涌起一股动力，双脚情不自禁地向前奔去。草地、观众、喝彩声被他甩在了身后，只听得见风声"呼呼"拂过耳边。他顺利地跑到了终点，而那一句石破天惊的

"坚持下去"，亦贯穿了他此后的人生。每当他对跑步产生懈怠之心的时候，那句话就会在他耳边响起："坚持下去！"

跑步带给村上春树的，是一个拥有无限潜力的、崭新的自己。因为跑步，他戒掉了烟瘾；因为跑步，他原本虚弱易胖的身体日益变得强健起来。更重要的是，跑步给了他很多灵感，他说："我写小说的许多方法，是每天清晨沿着道路跑步时学到的。"

痴迷于跑步的人都知道，一开始跑的时候很兴奋，慢慢就会变得越来越痛苦。度过这个阶段后，身体会慢慢放松，全身暖洋洋的，只觉得很享受。大多数人都会被初期的体验所打败。而当他们自律到极致，就会发现：坚持跑步，能够带来发自内心的平静和享受。

跑步能带给我们的不止于此。有份科学研究表明，长期坚持跑步的人与没有跑步习惯的人相比，情绪更积极稳定，心态也更健康乐观。而当人们停止跑步两周，经过一系列情绪测试后的结果显示，研究对象更容易受生活压力的困扰，变得愤怒沮丧。

很多人之所以迷恋跑步，是因为奔跑之后的身体舒展得像一尾鱼，连思维也变得清晰。能坚持奔跑的人，除了拥有雄厚的身体资本，还能体验一份精彩的人生。

　　然而身边很多朋友一提起跑步，总会摆摆手："我也很喜欢跑步啊，可是我太忙啦，实在没时间。"事实是，很多人宁愿将时间留给手机，留给游戏，留给那些连续剧和猎奇新闻，也不愿意真正酣畅淋漓地跑上一场。还有很多女孩儿特意穿上全套崭新的装备，化着精致的妆容，才跑了几分钟，就摆出姿势自拍起来。更有很多人，坚持没几天就掉了队。

　　跑马拉松的时候认识了一位小姐姐，笑容阳光美好，身材颀长，极富力量感，令人见之忘俗。因为同住一个城市，常常约她一起跑步，逛公园。小姐姐在一家传媒公司上班，她工作能力出众，年纪轻轻就当上了总监，而且身边追求者无数，俨然是人生赢家。

　　有一次和她一起吃饭，酒足饭饱之际，情不自禁地对她说："真的好羡慕你啊。"那一瞬，她脸上泛起复杂的情绪，望着我说："你可知道，曾经的我有多糟糕？"

　　然后她谈起了以前的自己。高中时期的她处于人生的混乱阶段。肥胖、自卑、学习成绩差，丝毫看不到未来……是跑步拯救了她。一开始，她跑步是为了减肥，后来她一不开心就去跑步。

提起那些往事，她笑了："年轻时单纯，看到电影里金城武说跑步可以将身体里的水分蒸发掉，就不会流泪，居然傻傻地信了。但真的很感谢当初那个傻傻的自己。"

跑着跑着，她的身材日益苗条，性格也越来越坚韧。坚持了整整 1 年后，有一天她心里突然冒出了一个想法："跑步这么痛苦的事我都能坚持下去，那我也能坚持好好学习啊。"她如醍醐灌顶般，从此像变了一个人一样，投入十二分的努力在学习上。

2 年后她平静地走入了高考考场。几年后她从一所著名的传媒大学毕业。又过了几年，她收到心仪的公司抛来的橄榄枝，没过多久就当上了总监。每当她人生中遇到困难时，她都会告诉自己："既然能将跑步这么困难的事坚持下去，那就一定能挺过这个坎儿。"

对于那些跑者而言，跑步的意义并不单一，它是一份自律的快乐，是灵感的来源，是真理。无论是地位显赫的大人物，还是平凡生活中的你，在跑步面前都是平等的。唯有自律，唯有坚持，才能在奔跑中丢掉烦恼，在奔跑中领略生命的意义。

《跑步圣经》的作者乔治·希恩说："如果你找到了适合

你的运动方式，那么你就在探索自身的道路上前进了一大步。"如果跑步适合你，那就将它坚持下去。跑步是一种很酷的生活态度，而那些长期坚持跑步的人，最后都能在汗水中遇见更好的自己。

你见过世界凌晨 4 点的样子吗？
从没有能轻易实现的梦想

"你知道洛杉矶凌晨 4 点钟是什么样子吗？"

"凌晨 4 点，洛杉矶仍然处于黑暗中，我行走在黑暗的街道上。1 天过去了，仍是这片黑暗；2 天过去了，黑暗依然没有半点儿改变；10 多年过去了，洛杉矶街道凌晨 4 点的黑暗仍然没有改变，但我已变成肌肉强健，有体能，有力量，有着很高投篮命中率的运动员。"

虽然不是科比的球迷，但每次读到这段话都会很感动。从来没有一份生活是简单容易的，轻而易举就能实现的大多无法被称为梦想。当我们为了一个难以企及的目标殚精竭虑、辗转反侧时，我们应该坚定和庆幸——我们终于找到了能为之奋斗的梦想。

女作家中，我最欣赏严歌苓。曾经有人问她："怎么能写出那么多本书？"她淡淡一笑，轻声道："我当过兵，对自己是有纪律要求的。"

严歌苓说，年轻时她在部队里当文艺兵，每天4点半就得起床练功，冬天也不例外。有一年冬天格外冷，屋外寒风肆虐，她却在舞蹈室里挥汗如雨。白天休息间隙，她动不动就将一条腿搁在最高的窗棂上，两腿绷直如一条线，一直坚持到双脚麻木。

后来，她心里种下了写作梦。为了能写出满意的作品，在往后的10多年里，她几乎日日4点多起床，然后坐在书桌前凝神细思。她严格规定自己每天坚持写作6小时，直到那些灵秀的文字爬满了稿纸，才会长舒一口气。

严歌苓坚持着这样的写作习惯，出书就像交作业一样规律，几十年如一日。其实每一次坐在书桌前，她都很难受，有时候甚至会痛苦到全身颤抖的地步。尽管如此，她依旧生生克制住了将纸、笔扔出去的想法，平稳情绪，一点点过渡到正常的写作状态中。

年轻时总觉得人生苦短，应及时行乐不负春光。后来才渐渐发现，每一个失去控制的行为，都会为将来埋下更大的痛苦。所以，对于那些能够控制自己的人，我始终怀抱敬意。自律远远比在血肉之躯上刻字还要痛苦，但这份痛苦几乎是我们实现任何梦想的前提。

2014 年，央视体育频道曾播出一档跨年特别节目《我是李娜》。节目最后，那一句"我是李娜，在任何拥有梦想的地方，都没有捷径"让人热血沸腾。

李娜的奋斗历程从 5 岁那年开始，梦想的种子刚刚发芽。那时候，无论酷暑还是寒冬，父亲都会在每日清晨准时督促年幼的女儿跑步。当父亲将她从温暖的被窝中拎起时，天刚蒙蒙亮。伴着沉稳有力的脚步声，父亲带着她沉默地穿越夜色，直到迎来天边的红日。

有时候，她不小心被石头绊倒，"扑通"一声摔倒在地。父亲蹲在一旁，温言劝说："从哪里跌倒，就从哪里爬起，人要学会坚强。"小小的李娜只得咬咬牙，边哭边爬起。

开始学习打网球的时候，父亲的角色被教练所替代。教练的严厉有过之而无不及。因为年纪小，李娜总也打不赢别的同学。每次一输球，李娜就坐在球场角落里痛哭。

教练看到这一幕，朝李娜怒吼："哭有什么用？有志气就打败她们！"短暂的休息后，李娜擦去泪水，痛定思痛，对自己说："我要赢。"于是又一次投入到了枯燥的训练中。

李娜性格率真，曾说过很多有意思的话。但我印象最深刻的是这一句："奇迹不在安逸中诞生，而是用汗水浇灌出来的。"能像李娜、严歌苓这样为了梦想倾注所有努力的人，注定会成功。没有那份异于常人的自律，何以谈梦想？何以谈今日那闪耀夺目的辉煌成就？

乔布斯说："自由从何而来？从自信来，而自信则是从自律来。"年轻时，他每天凌晨4点起床，争分夺秒地处理工作。而9点钟之前，他差不多已经完成了一天的工作。

李嘉诚自律到了几近自虐的地步。无论他前晚何时休息，清晨5点59分，闹铃响起后，他必会准时起床，一刻也不耽误。随后，阅读新闻，再打90分钟的高尔夫球锻炼身体。做完这一切后，他精神抖擞地赶去办公室开始一天的工作，数十年如一日。

这世上从来没有不费吹灰之力就能实现的梦想，如果有，只能是白日梦；这世上也从来没有轻易能得到的东西，如果有，那它一定也会轻易离开你。

高度自律，
给了你更多选择生活的权利

选择权究竟有多重要？可以说，我们奋斗最直接的目的不是为了钱，而是为了选择权。

朋友圈一度被影片《我不是药神》刷屏，还记得影片中主人公程勇一出场，就被房东催交房租。妻子决绝地离开了他，执意要将他们唯一的儿子带出国。程勇急得像热锅上的蚂蚁，还没缓过神来，医院又传来噩耗，他的父亲因为病重急需 8 万元手术费。

生活的压力几乎要将程勇逼疯。左思右想之下，他还是捡起了吕受益留下的那张写有联系方式的卡片，冒着危险去逮住这个一夜暴富的机会。

安全感是什么？是拥有生活的自主选择权。我们不是为了跟别人比成绩才努力学习，而是为了让自己变得更优秀。唯有足够优秀，才能吸引来更多的机会，供我们选择。当然，并不是所有努力都能换来我们想要的生活；但是不努力，则注定了终此一生都得不到想要的一切。

前几天接到表妹的电话，她踌躇着说："姐，复读太苦，我干脆出去上班得了。"

我想了想，说："如今这个社会，但凡自食其力，都能生存下去。但我还是希望你熬过这段苦，好好复读。"电话那头的她有点儿失望："为什么啊？"

我说："读书当然苦，这世上凡能让你变得更好的事情，都很苦。你以前不是跟我说过长大后想进世界知名企业工作吗？要是你现在放弃了复读，哪里还有机会？就算你觉得去哪里上班都无所谓，但唯有读更好的大学，才能让你将来拥有更多选择权。"

不要为目前那一点点微不足道的轻松感，丢掉未来生活的选择权。只有努力，疯狂地努力，我们才能过上想要的生活。只有通过努力，才可以选择心仪的城市、热爱的职业、想要加入的群体、梦想体验的人生。这些都是自由外化的一种形式。而人生拥有更多的选择权，意味着你将拥有更多的幸福。这是最棒的生活状态。

当然，这并不是说一切的努力都是为了挣钱。而是，通过努力，通过高度的自律，你能挖掘自己挣钱的能力，拥有一份超越常人的特殊技能，或拥有一份可持续发展的事业。这样的你，才能在面对生活中的困难时，保有底气与体面，自如做出合适的选择。

一个朋友说："毕业这些年我努力赚钱，不是因为我拜金，只是成长经历告诉我生活充满变数。想要过上更好的生活，只能拼尽一切让自己变强大变优秀。"

经济独立是拥有更多选择权的前提。它带来骄傲与自尊，带来独立的人格。如果在经济上依赖别人，哪儿有底气奢望美好的人生？做不到经济独立，如果遇见自己喜欢却比自己优秀的人，拿什么去和对方"势均力敌"？

设计师山本耀司曾说："我从来不相信什么懒洋洋的自由。我向往的自由是通过勤奋和努力实现的更广阔的人生。"先让自己变成一个高度自律的人，才能当自己生活的主人。努力，是为了有资格不做不喜欢的事，是为了能自由选择想要的人生。

那些能将自律坚持到极致的人，都拥有了开挂的人生

　　周末，我利用难得的闲暇时光看起了美剧《了不起的麦瑟尔夫人》，主人公米琪在婚礼上的一段发言立马引起了我的兴趣。

　　米琪从小就是一个与众不同的女孩儿。当同龄小朋友互相追打玩闹、过家家的时候，她却已规划好自己长大后要上哪所大学，应该住在哪种装修风格的大学宿舍里；成长的过程中，其他女孩儿依旧对未来、爱情懵懂时，米琪却渐渐找到了最适合自己的发型，甚至早已想清楚以后要嫁给一个怎样的男子。

　　靠着变态一般的自律，她如愿考上了心仪的大学，嫁给

了最爱的男人，成为一众朋友中最受人羡慕的对象。婚后，即使生了一男一女，她仍然如年轻时一般美丽动人。

为了保持身材，她每天都会严格测量腿围、腰围和胸围，做详细记录。为了时刻呈现出最美的样子，每晚，她都会等丈夫睡熟后再悄悄卸妆，早上早早起床化好精致的妆容。

我常常被米琪那些机智的调侃所逗笑，当剧情急转直下，米琪的丈夫出轨，米琪愤而离婚，从此走上寻找自我之路的时候，却又为米琪的表现所感动。

离婚后的她想要成为一名脱口秀演员。于是她白天在百货商场卖口红，晚上来到昏暗的小酒吧里表演脱口秀。一个弱女子孤身一人面对台下粗鲁挑剔的观众，她不但不畏惧，反而迎难直上，竭力想要将自己精心编撰的段子说得更精彩。

台下，她反反复复地听着别的喜剧工作者的录音带，琢磨别人的表演技巧。生活中一旦有了一些灵感，她就立马掏出随身携带的笔记本，匆匆记下。她抓住每一次表演脱口秀的机会，不顾辛苦四处演出。靠着这份努力，米琪的脱口秀越来越出彩，很快便崭露头角。

　　花了一整个周末看完这部美剧后，我的内心感慨良多。如果没有这份自律到极致的底气，面临丈夫出轨的米琪或许将就此沦落为一个怨妇。庆幸的是，即使生活欺骗了她，她依旧没有自暴自弃，反而始终保持着骨子里的克制与自信。

　　而这份克制与自信必将成就她独特的光芒，还她一个开挂的人生。正如罗斯福所说："有了自律能力，没有什么事情是你做不到的。"

　　生活中，太多人一面嫉妒着他人的成功与精彩，怨天怨地；一面沉溺于眼前的享乐，无法自拔。纵然鼓起勇气，想要改变自己，可一旦尝到那些成功人士曾经历过的苦痛与坎坷，了解到他们曾付出的汗水，以及近乎残酷的自我管理后，立刻便起了退缩的念头。

　　只要足够自律，迟早能拥有开挂的人生。很多人并不是不懂这样的道理，却始终做不到。只因自律意味着你必须做出某种痛彻心扉的割舍，你不能什么都要。

　　想要保持美妙的身材，就必须和三天两头的火锅、烧烤说再见；想要成为一名学霸，就必须放弃迷恋的游戏，告别没完没了的"恋爱电话粥"；想要在事业上有所建树，最好立时斩断一切无用社交，将所有时间用来研究感兴趣的工作技能，深深扎根于某一领域……

　　这个世界，鱼与熊掌不可兼得。不自律的代价短期内是看不到的。所以我们总是一边信誓旦旦地说，一定要开始改变，一边又将行动的日期推至明天。

　　可是，你必须忍受放弃安逸现状所带来的疼痛。你更要变得成熟起来，不要一边吃着大餐，一边幻想自己能拥有小蛮腰；一边废寝忘食地玩网络游戏，一边觊觎那份奖学金；一边百无聊赖地混日子，一边盼着自己能在30岁前实现财务自由。

　　刷网页的时候无意中看到一份"30天改变"计划，这是谷歌高级工程师马特·卡茨亲自为自己制订的。这份计划将他之前无法坚持的所有事情都罗列了进去，比如每天步行1万步，每天拍一张照片，每天骑自行车上班，不看电视，不玩推特，拒绝糖、咖啡因等。

　　他整整坚持了30天。让周围人吃惊不已的是，那个曾经肥腻、总是蔫头蔫脑的宅男工程师彻底消失了，取而代之的是一个新的他——清爽健壮，开朗阳光。

　　区区30天，便让马特感受到了自律的魔力。原来选择了自律，就是选择了一个更好的自己。马特当机立断，决定将这份计划无限期持续下去。他爱上了运动，不仅身材一直保持得很好，工作起来也精力十足。他甚至完成了在非洲最高峰乞力马扎罗山远足的壮举……

自律可以令我们活得更高级。缺少自律，你的生活极有可能陷入一团乱麻中，混乱，毫无秩序。你所盼望的一切也可能变成泡沫，你现今拥有的也将一步步远离你。

自律与不自律的人生，相隔何止千里万里。当我们无法改变世界的时候，先尝试着改变自己。只有执拗地走下去，从不停歇那份执着与努力，才能赢得开挂的人生。

你羡慕的成功逆袭，不过是别人对自己够狠的结果

前段时间，一位相熟的同事动不动就跟我推荐《都挺好》这部国产剧。她掰着手指头历数女主苏明玉的优秀："聪明、大气、果断，有智商有手段……"

随后又话锋一转："可惜出生在这么一个奇葩的家庭里，爹不疼娘不爱的，还有两个"坑爹"的哥哥。要不是后来她成功逆袭，成为叱咤风云的职场女强人，将她那倒霉的爹和"坑爹"的哥哥们治得服服帖帖，这剧我就不追了。我就爱看草根逆袭的戏码。"

我听了不由在心里感叹，电视剧不是生活，我们身边有太多人有着"苏明玉"的遭遇，但能够真正实现逆袭的人少

之又少。《都挺好》中让我最感兴趣的场景不是那一地鸡毛的家庭纠纷，而是小苏明玉遭遇压迫，然后奋然崛起的那几段回忆。

还在读大学的她，与母亲大吵一架后离家出走，从此再没要过家里一分钱。为了养活自己，她利用休息时间在超市里打工，走上街头散发传单，偶尔再做点儿家教。日子过得捉襟见肘，却又充实自在。正是这份拼搏，使她认识了人生中的贵人——蒙总。

她加入蒙总麾下，做了一名普通的销售员。那时候，她还在上学。一边忙于学业，一边专攻各种销售书籍。毕业后很长一段时间，她都过着苦日子。去掉房租后只能在超市买一点儿方便面、大米和鸡蛋，下班后也只能坐两块钱的公交回住处，连五块钱的地铁费她都负担不起。

再怎么苦、累，她对自己的工作都始终怀着十二分的热情。多年后，出现在众人面前的苏明玉，清丽优雅，淡定自若，仿佛已练就了一身的铜墙铁壁，刀枪不入。

电视剧中关于苏明玉奋斗的历程一笔带过。但可以想象的是，曾经的她，对自己究竟有多狠，才完成了这场华丽的逆袭。原来不逼自己一把，我们永远不会知道自己有多优秀。

朋友圈一度被郭德纲写给儿子的一封信刷屏，一句"很多人不成功就在于他太尊重自己了"令人醍醐灌顶，感慨不已。

凡是对自己不够狠的人，都称不上真正的自律与上进。生活中，这样的例子太多太多。

正因为对自己不够狠，所以你才会在每一次理智与冲动激烈厮杀的时候，痛苦得握紧拳头，结果还没坚持一会儿就向后者缴械投降，彻底败给冲动的魔鬼。

正因为对自己不够狠，所以你在明明知道应该这样做而不是那样做的时候，心甘情愿地将自己变成欲望的奴隶，一晌贪欢地做着那些本能让你做的事情。

正因为对自己不够狠，所以你在回想前尘往事时，总是一边后悔，一边为自己过往的行为找出各种各样的理由，喃喃自语："这事儿不赖我……"

将自律的人的欲望与理智放在谈判桌两旁，胜出的总是后者。而我们所做出的一切行为，都是欲望与理智"谈判"后的结果。你对自己不够狠，便只能随波逐流，跌入芸芸众生之中。

PART 2

99% 的努力，
都发生在别人看不到的地方

在别人看不到的地方努力，
在别人看得到的地方绽放

深夜，室友屋里的灯还亮着。我走去厨房倒水，顺便给室友泡了杯咖啡，送入她的房中。她揉揉惺忪的双眼，脸上的笑容灿烂又疲惫。

我不由问了一句："这么晚还不睡啊？快点儿睡个美容觉吧，不然明天起床眼睛都变熊猫眼了！"室友无奈道："没办法啊，公司里那么多新人，大家都表现得很出色，就我一个在拖团队的后腿。不把这份策划案写完，我没办法安心睡觉啊。"

"没关系啊，你才入职不到 1 个月，何必那么拼？你上司又看不见。"

她重重叹了一口气："可是我这么笨，什么都不懂，必须比别人更努力才行。跟我一同入职的那几个女生真的好厉害，她们有的毕业于985高校，有的毕业于国外名校，我这个普通二本文凭真的很拿不出手。不多熬一点儿夜，不多加一点儿班，实在是拼不过人家啊。"

她劝我先去睡觉，自己则去卫生间洗了一把脸，重振精神后又坐在了笔记本屏幕前。凌晨去卫生间的时候，撞见室友在洗澡。等我收拾好打算溜回被窝里睡个回笼觉时，室友已经穿好了一身职业装，准备出门。我不由吃惊地问道："你一夜没睡啊，也太拼了吧！"

室友说："对啊，4点半才写完这份策划案，干脆不睡了，早一点儿去公司处理文件。"她给了我一个最灿烂的笑容："早安，今天也是个晴天哦！"

望着她轻盈欢快的背影，我也睡不着了，不由陷入沉思。这世上有背景、有能力的人太多了，然而能走到最后的，无不经历过一段默默耕耘、用心积累的"灰暗岁月"。正是那份在别人看不到的地方所付出的努力，成就了他们如今耀眼的光芒。

在暗处执着生长的嫩苗，终有一日能开出馥郁的花朵。

室友虽然年轻，初出茅庐，但凭着这份恒心与毅力，纵使周围强敌环伺，我相信她终能绽放出属于自己的光芒。果然，不久后，她惊喜地告诉我，她打败了很多高学历的竞争者，成为这批新人中最先转正的人。

室友的经历让我想起曾在日本旅游时，在一家小吃店里遇到的一位炸天妇罗的老师傅。那晚店里客人虽然爆满，却都耐心地等待在温柔的灯光下。老师傅神情严肃，甚至可以称得上一丝不苟，他小心翼翼地夹起包裹着天妇罗面衣的食材，迅速下入油锅。

望着面前小碟子里摆着的精美食物，我慢慢夹起一块放入口中，一种奇妙的滋味漫溢开来。见我一脸陶醉的样子，老师傅的唇边闪过一丝不易觉察的微笑。

同行的朋友告诉我，这位老师傅是这条街上最负盛名的料理师傅。他小时候家里贫寒，20 岁出头才开始在一家料理店当学徒。而那一批学徒中，他起步最晚，天资最差。为了赶上别人的脚步，他背着人默默努力，每天总是第一个到店，最后一个离店。

炸天妇罗看似没有技术含量，可是一旦面粉形态、水分、油温乃至烹炸时间出现微小的差错，就会影响到最终的口感。他试了一遍又一遍，直到能精准控制时间和温度。师父平时待他冷漠，对他的努力熟视无睹。直到有一天，师父无意中尝了一口他做的天妇罗，神情突然柔和了起来。

师父对他说，终有一天你会远远超过我。那以后的30年里，他先是脱去了学徒的衣服，穿上正经的厨师服。后来他成为店里厨艺最好、最受欢迎的料理师傅。再后来，他带着全部身家来到这条街上，开了一家小小的店，慢慢成为别人口中"炸天妇罗的天才"。

朋友谈起老师傅的过往，很是感慨。店里的客人都是从各地前来"朝圣"的年轻人，尝到了心仪已久的天妇罗后，心满意足地归去。如今，老师傅立于柜台后像一尊佛，能毫不费力地用最简单的食材做出最美妙的食物。可是我想象着当初他披星戴月，一个人默默努力的样子，心里顿时溢满了温情。这个世界上，好像真的没有那么多的天才。

我们无比羡慕笼罩在别人身上的耀眼光芒，以及他们表现出来的毫不费力。可实际上，所有那些信手拈来、轻而易举，背后都有着全力以赴、不遗余力作为支撑。

只有在别人看不见的地方不动声色地努力，才能在人生的风浪来临时出其不意地绽放。每个人都只拥有一次人生，没有人天生应该身披光环，更没有人生来注定平庸。

还记得曾观看一档综艺选秀节目，主持人何炅好奇地问身旁的选手："公司没有给你压力，你那么拼是为了什么？"选手笑了笑，口气无比真诚，令人印象深刻："不行啊，哥哥，我在休息的时候别人在努力，我不能被他们丢下。"

何炅的总结更是经典："努力一定要藏到别人看不到的地方，所谓你只有分外努力，才能看起来毫不费力。"也许你也曾藏在那个无人注视的角落，一点点向上冲，努力想要碰触到阳光。但终有一天你会身披霞光，在众人的注视中成为自己梦想中的模样。

真正努力的人从不活在朋友圈

睡前刷了刷朋友圈，发现一位女同事更新了一条动态："加班加班加班，每周加班7天，没毛病！"文字下面照例配上了一张自拍。

不由纳闷，这周工作量不是很多啊。老板也没临时布置任务，大家都很闲，怎么就她天天都要加班？第二天听几个同事闲聊，才明白了其中的原委。

"她白天不好好干活儿，一会儿聊个微信，一会儿看个视频，结果大家都完成了手头的工作，就她一个人磨磨蹭蹭，可不需要加班吗？"

"她是真的很努力哦，周六听个讲座发个朋友圈，参加了个读书会又发个朋友圈，周末游个泳还是发个朋友圈。可她参加了那么多讲座和读书会，说起话来还是很肤浅。"

"是啊，她一健身就在朋友圈打卡。可认识她这么久，她体重还不是一直都在稳定地超标。我都怀疑她在健身房里是不是尽抱着手机和别人闲聊了。"

听了大家的吐槽，我不由哑然失笑。也许你的朋友圈也存在着这么一群人，他们乐此不疲地通过朋友圈来展示勤奋，固执地活在自己一手塑造的网络世界里。

有多少人在朋友圈热情积极，无比上进，现实生活中却懒惰颓丧，不堪一击？此时，朋友圈仿佛成了一个"平行世界"，住在里面的你凌晨3点睡觉，凌晨5点起床，只要一杯咖啡就能恢复满满活力；住在朋友圈的你睡前必看一些书籍"充电"；住在朋友圈的你动不动就晒一张密密麻麻的日程安排表和学习计划表，还喜欢转发励志文章；住在朋友圈的你一边感叹自己"这几天加班都遇到同一个滴滴司机，都快成朋友了"，一边"抱怨"自己太懒太没有行动力，还不够努力……

可真实情况是怎样的，没有人比你自己更清楚。早上你通常踩着点进办公室，打开电脑，拿出手机，在聊天工具上和别人聊聊天，给朋友圈的新动态点点赞，于是1个小时过去了。

临睡前发现几个月前买的书还没拆开包装，于是拿起来吹吹灰尘，拆开封皮，翻了翻，顺便拍个照发到朋友圈。照片得到了大批点赞，书又被塞进书架的角落。

日程表做了一张又一张，大多是白费工夫，因为能实现的寥寥无几……

与其孜孜不倦地在朋友圈给自己塑造"勤奋达人"的人设，还不如脚踏实地，真挚诚恳地面对现实生活。你把所有的激情都留给了朋友圈，有时候翻开自己的朋友圈，是不是也会吓一跳，或者被自己感动："想不到我居然是这么勤快的一个人。"

曾有人说："看一下我们的朋友圈，就知道我们为了要营造那个给别人看的橱窗，压抑了多少自己。我们绝对不会拍一碗烂透了的阳春面。如果我们拍了一碗阳春面，那我们就是在撒娇，我们希望别人看到后会说，你工作这么辛苦才吃这么一点点。我们有种种的原因，希望在朋友圈表现出一个我们要索取别人认同的这种习惯。"

一位学姐从来不发朋友圈，可与她相熟的人都知道她每天过得有多自律。清晨6点，她准时起床。然后塞上耳机，伴着音乐在跑步机上慢跑1小时。7点，她为家人做早餐，虽然参照的都是网上的食谱，却坚持每天都不重样，营养美味又健康。

上班 7 个小时，她争分夺秒地处理着工作上的事情，风风火火，精明强干，全然不似家人面前那个温柔的小女人模样。晚上 6 点下班，她通常会主动加班 2 小时，到 8 点才拖着疲累的身子赶回家中。此时，丈夫已做好了晚餐。

吃完饭后，她和丈夫相继钻入书房，一人捧起一本专业书籍看起来。到了周末，她还要参加各种讲座，只为了增加见闻，提升职业技能。

她的生活如此充实，可翻开她的朋友圈，却发现她几乎半年才更新一条。我也曾好奇地问她："你每天生活得这么充实有意义，怎么不多发发朋友圈？别人都在晒努力，怎么你这个真正努力的人从不晒？"她笑了："每天忙得要命，哪有时间发朋友圈啊！"

后来，学姐怀了孕，终于闲了下来。她利用这段空闲时间报了个培训班，一边学习专业知识，一边准备考 MBA（工商管理硕士）。第二年，孩子生下来了，她的工作能力更上一层楼，生活变得比以前更忙更充实了。虽然她的朋友圈，还是静悄悄的毫无动静。

现实生活中，真正努力的人每天要做的事情都很多，根本没有多余的时间在朋友圈晒"努力"。单纯发发朋友圈证明不了我们的决心，想要什么，想做什么，就通通用行动去证明。有闲心发朋友圈，还不如将这时间利用起来，在现实中真正地勤恳努力，多学点儿小知识、小技能。

无人监督，
也不要放松和降低对自己的要求

有个学妹在朋友圈吐槽："天哪，整个春节都不会变胖的女人究竟是什么奇怪的物种？"

还不是因为这样的人有着极致的自律，越是无人监督，越将要求定得高高的；越是容易放纵的场合，越是残酷地对待自己。

哪怕到了春节这样一个阖家欢乐的时刻，别人都放下了一年的疲惫，以往的克制也被丢掉了，她们仍旧严于律己，坚决拒绝各种油腻食物，每天坚持去跑步。

就好像《阿飞正传》里的那只无脚鸟，轻易不肯下地。一旦选择了自律，那就是一辈子的事。哪怕身边无人同行，哪怕无人看到，无人欣赏你的努力。

工作多年，曾一起共事的那个叫嫣然¹的女孩儿至今令我记忆深刻。人如其名，她一笑起来清秀又甜美。然而，平时很少见她笑，她脸上亦很少露出轻松的神色。

那时候大家刚毕业，正是青春飞扬、个性洒脱的时候，上班时很少有人坐得住，趁着老板不在就各种偷懒。嫣然却紧盯着笔记本屏幕，眉头还是习惯性地蹙着。

有人偷偷问她："干吗那么认真，趁老板不在歇会儿呗。"嫣然一般只会礼貌性地报以微笑。几个要好的同事一到休息日就聚会，朋友圈也晒满了吃喝玩乐的照片，嫣然却是个大忙人，这一类的聚会中很少出现她的身影。

有一次，我和嫣然为了赶一份策划案，在公司里加班到深夜。我比她先完成，看她凝神细思、毫无进展的样子，便提议道："你做到哪一步了？不如我们一起完成吧。这份策划案要得太急，哪有工夫精雕细琢？咱们在这苦熬，老板又看不到，差不多得了。"

她却摇摇头："我只想在自己的能力范围内做到最好，否

1　"嫣然"为化名，文中所出现的人名除名人外，均为化名。

则就是早早下班回去也睡不着。你也很累了，别帮我做了，快回去休息吧。"

看她执拗的样子，我不由无奈地摇摇头。听说那天嫣然忙到很晚才回家，后来看到她做的那部分策划案，不由惊艳不已。尽管这份策划案交上去后，嫣然并没有受到什么特别的嘉奖，但她毫不气馁，任何时候都坚持着那份极端自律的作风。

一段时间后，我从那家公司离职。再见到嫣然，是在3年后一次行业内的活动上，她一身精致的礼服，与众人谈笑风生。听说她已做到了公司副总监的位置，在行业内小有名气。

在他人的监管下小心翼翼地规范着自己的言行，根据别人设定的道路不逾规不越界地行走，这不是自律。真正的自律是哪怕无人监督时，也能做到严于律己。

我在总结多年工作经验的时候，赫然发现，职场上有一类人最容易出众。这类人最鲜明的特点是，无论老板在与不在，都能保持积极稳定的工作态度，自觉将分内的事做到最好。

哪怕是离职前的最后一天，他们也会踏踏实实地待在办公室里，积极协商好部门相关事宜，处理好电脑里的文件，做好工作交接，将一切打点妥当后才下班。

　　生活永远是活给自己看，而不是做做样子给别人看的。所以这样的人哪怕跳槽去了其他公司，也能很快出人头地地做到管理层。而我们身边其他行业的成功人士，他们中绝大部分也有着相同的特质：能轻易控制住享乐的欲望，始终恪守一份严格的标准，步步扎实地前行。

　　有段时间，朋友圈都在讨论《欢乐颂》。我最喜欢的角色是安迪，她从小是个孤儿，虽然身份背景并不优越，却能凭借着常人难以想象的刻苦与努力考入哥伦比亚大学，后闯荡华尔街，成为金融精英。回国以后，她在一家著名公司担任高管。

　　让人佩服的是，安迪无论前一天晚上工作到多晚，早上起来必然坚持跑步。每天她至少挤出 2 个小时来看书学习，坚守着自己的工作节奏，不被任何琐事打乱。所以当她出现在大众面前时，始终是一副精力充沛、自信满满的样子，从未有过颓废的时刻。

　　其实自律也是分层次的，第一层是"简单模式"。每天准时上班，正常下班；上班能够约束自己，做完分内的工作，下班后便放飞自我，偶尔才抽出时间来学习。总体来说，是一个能在别人的督促下做到言行有度，不触碰生活底线的普通人。

自律的第二层是"困难模式"。总能看到自己和身边优秀者之间的差距，正视自身种种懒惰的习性，立下追赶别人的决心。为了让自己变得更好，工作上努力拼搏，一分一秒都不愿意浪费；生活上也隔三岔五泡在健身房里，精神状态变得越来越好。

而自律的最高层莫过于，哪怕是独处，哪怕是一个人默默前行，也始终对自己高标准严要求，按照既定目标坚定不移地前行。哪怕周围所有人都在随波逐流，依旧能活出自己的高度与态度。而此时，自律已经成为一种深入骨髓的本能。

无须任何提醒，我们也要成为那个高度自律的人，默默努力坚定前行。这才是最值得推崇，最有意义的生活方式。而高度自律的你，绝不会被这个世界辜负。

就算没人点赞，
也要一个人默默坚持下去

曾在网上看到这样一个问题："一个人默默、孤独地努力奋斗是怎样一种体验？"一名网友的回答吸引了我的注意力。那个女孩儿说，她原本只是个普通的上班族，直到有一天，她开通了一个写作的账号。为了能拥有更多的时间去读书和写作，每晚8点前，她都抓紧时间将该收拾的都收拾完毕，然后抛去"凡尘俗务"，坐在电脑前，噼里啪啦地敲击键盘直到深夜。

相比一般的写作者，她的效率很低。一篇文章要琢磨很久才能成型。可是无论她如何用心撰写，始终都没有人给她点赞，给她留言。她一写就是好几年，将一篇又一篇文章耐心地挂在网上。阅读的人很少，关注她的人更是寥寥无几。

身边的同事、朋友渐渐知道了她在做这件事，只是嘲讽多过鼓励。有人对她的文章指指点点："你写的这些没有什么吸引人的地方啊，还不如写一些娱乐八卦，这样才有人看。"

她笑笑，不置可否。明白自己积累有限，于是她不停地看书，做笔记，关注时事新闻，或者匀出时间来研究那些知名写作账号的风格、优势，然后继续耕耘，输出。

有一天，她的一篇文章突然被一个大V（网络公众人物）转发，一度暴红。大批人开始关注她，给她留言，点赞，鼓励她继续写下去。那天晚上，她在后台一边回复着读者们的留言，一边激动得泪流满面。

也许你身边也存在这样的人，他们的起点与你相似，外表普普通通，生活轨迹也与你差不多。让你疑惑不解的是，突然有一天他们就成功了，足足将你甩出了十万八千里。

但是你只看到了他们现在的风光和曾经的普通，却没看到他们中间那段默默努力，孤独前行的经历。但凡成功的人，谁不曾有过一段"浸透了奋斗的泪泉，洒遍了牺牲的血雨"的苦痛经历？

那天在网上看到这样一句话："如果你经常感觉自己是

在孤独地努力，那么恭喜你，你已经超过了身边的绝大多数人。"我在心里默默读了好几遍，深以为然。

奋斗的路程注定是孤独的。也许你也曾因过分努力而备受周围人的误解。他们不明白你为什么要选择如此疲累又无法早早见效的生活方式及奋斗目标。他们不明白，为什么明明工资还不错，你却选择跳槽；为什么端上了公务员的铁饭碗，你却果断辞职……

在他们看来，什么都不做，也能过得很愉快。但只有我们自己知道，我们真正想要的不是"眼前的安逸与苟且"，而是"星辰与大海"。所以就算无人点赞，我们也要给自己鼓掌。

部门聚会的时候，一个男同事说："于晨恐怕是'病入膏肓'了，30 多岁的人了，整天在朋友圈打卡健身，晒自己背单词的照片，都毕业多少年了？"

我偷偷瞥了于晨一眼，发现他双颊微微涨红，便清了清嗓子说："人家这叫有上进心，你不认同也不该说风凉话！"对方却满不在乎道："你看有人给他点赞吗？纯属自娱自乐。"

我想说点儿什么，于晨却拦住了我，笑得温和："算了算了，我不该晒那些照片的。其实也只是想用来激励自己。"

我皱着眉头说："别听他们的！什么叫正常？和他们一样上班时间偷懒打游戏，下班了聚在一起喝酒吹牛聊八卦，周末一睡就是一整天？"

于晨感激地看着我，说："有你这份理解就够了。我也是年纪越大，发现肩上的担子越重，每天都想着做出一点儿改变。"那天我们就这个话题聊了很多，回去后我也删掉了手机里的游戏，找出书架角落里的电子书阅读器，看起了一本搁置已久的书。

在那帮要好的同事看来，于晨变得越来越像个异类。他再也不参与同事间的组团玩游戏，或者闲聊八卦，更多的是一个人静静待在角落里处理工作上的事情。一开始，大家都抱着嘲讽的态度，可后来一个小插曲令所有人都改变了态度。

有一天，公司里突然来了一位外宾客户。总经理找遍全公司，都找不到一个专业的翻译。正当他感叹这笔生意要泡汤的时候，于晨挺身而出。他说着一口流利的英语坦然自若地与外宾交谈，连深奥的专业名词都能准确地翻译，顺利地为总经理解了围。

几乎所有同事都向于晨投去了羡慕而又敬佩的目光，我亦朝他竖起了大拇指。

《朗读者》上，俞敏洪的一段发言让我记忆尤深，他说："进步都是关于你自己的事情，无关他人。只要你保持自己的生命在进步，付出足够的努力就一定会有好结果。"

从古至今，努力都是稀缺而宝贵的东西。选择自律，意味着我们放弃了安逸与享乐；选择自律，意味着我们的生活将暂时失去五彩缤纷，只剩孤寂与简单。

这注定是一条艰辛的旅程，可能很少有人会主动聆听你的心声。但无论怎样，你都要一个人默默坚持下去。只有不驻足地奔跑，才能成就梦想中的自己。

那些被嘲讽被否定的日子，
你是怎么熬过来的

　　春节时和一个朋友相约去看周星驰的《新喜剧之王》，进场前，她絮絮叨叨地说："哎呀，我跟你说，这些电影都是一个套路，主角一定心怀梦想，但他一定没那么容易成功。越是追求梦想，他越是会受到很多的打击、嘲讽、质疑，也许跟他的出身有关，也许遇到了坏人的阻拦……但无论过程多么艰难困苦，结局一定是皆大欢喜的。"

　　电影开场后，剧情如朋友所说一一上演。老实说，电影有点儿老套，但我们还是看得无比认真，无比感动。最后走出电影院时，我们发现彼此都哭到眼眶通红。

　　那些套路相同却饱含真情的励志故事永远受人欢迎，正如珍贵而伟大的梦想，很多都遭受过被质疑、否定、嘲讽、打击的命运。

在追梦的旅途中，那些你最信赖的，原本应该送上鼓励与支持的亲人、爱人，却可能打着"我是为你好"的旗号，送上更多的打击与阻挠。

当你兴奋地畅想着梦想实现后的美妙场景时，身边却响起一片质疑的声音，"你就是在做白日梦！""放弃吧，你一无是处！"……这些声音刺破了你的耳膜，直至将你淹没。

当你长久的坚持终于换来一点儿小小的收获，你满心欢喜地想要分享这一点儿小小的进步时，哪知道换来的依旧是不屑一顾的白眼与嘲讽。

你是怎样躲过那些"明枪暗箭"，怎样熬过那些艰难岁月的？答案无非是忍，无非是在每次遭受质疑临近放弃的边缘多坚持一秒。只要能多坚持一秒，就离梦想更近一点儿。

但也有很多人因现实的重压轻易放弃了理想，于是逐渐活成了自己曾经最鄙视的样子：躲在父母的羽翼下，做着一份毫无存在感的工作；每天追剧看网络小说消磨时间，淡忘了曾经的爱好，也失去了爱人的能力；毫无雄心，日复一日地重复着这足够"安稳"的人生。

　　我对"硅谷钢铁侠"埃隆·马斯克的兴趣，源于罗永浩的一段评价："我看他那段说夜里会惊醒，会趴在老婆身上哭，你没法想象这么意志坚定的，这么膀大腰圆的哥们儿，什么都不怕的人，他会那样，所以那些东西也是看着很揪心，很感同身受。"

　　埃隆·马斯克的人生经历中，我最感兴趣的莫过于当初他一次次经历挫折，讥讽如潮水般袭来的部分。我好奇他究竟是怎么挺过来的，于是找了很多资料来研究。

　　14 岁时，埃隆·马斯克最喜欢读的书是道格拉斯的《银河系漫游指南》。那时候的他对太空充满了幻想。长大后，他梦想着建造火箭，带领地球人移民火星，这无异于一个天方夜谭。然而没过几年，马斯克便创办了 SpaceX（美国太空探索技术公司）。当他充满自信地对外宣布"我觉得我们可以自己造火箭"的时候，媒体大肆嘲笑，家人、朋友都以为他疯掉了。

　　为了买到一枚合适的洲际弹道导弹来运载火箭，马斯克不远万里跑去了俄罗斯。和俄罗斯一番交涉后，马斯克沮丧地发现，他的预算根本不够。大家都劝他放弃，马斯克却置之不理，反而一头扎入了航天工业知识的海洋中，潜心研究背后的物理原理。

2005 年 11 月，马斯克的第一枚火箭"猎鹰一号"遭遇惨败。第二年，改良后的"猎鹰一号"被再次发射，谁知短短 24 秒后，火箭推进器引擎上方莫名失火，"猎鹰一号"改良版狠狠坠落在地面上。SpaceX 的员工甚至开始哭泣起来。埃隆·马斯克万念俱灰，尽管如此，他依旧保持着表面的冷静，安慰员工们说："不要害怕，一切都会好起来的。"

接连的失败迎来的是大范围的攻击与嘲讽，无人能够想象得到他当时究竟有多痛苦。连罗永浩都说："马斯克吃过的苦大部分人不会经历。"万幸的是，马斯克挺过了这一切。2016 年 4 月 8 日，SpaceX 的"猎鹰九号"火箭第一次成功着陆。这个消息轰动了全球……

你要相信，追求美好的东西没有错，而旁人的否定与嘲讽不足以捣毁你对未来的美好想象。

追梦的过程中，我们可能会被刺伤，乃至被践踏。但这个世界上没有不可治愈的伤痛，没有无法扫除的颓态，再深的伤口都会结痂，然后在你的人生中只留下一个闪耀的印记。所有你曾无比珍视的，后来又无情消逝的，迟早会以另一种方式归来。

　　你不是输在爱做梦，而是输在醒得太早。只因你太习惯为自己的人生设限，你断定自己无法忍受那些被否定、被打击的日子。可人生向来是守得云开见月明，而很多看似辉煌灿烂的奇迹，都是如你我这般平凡普通的人一步一步拼出来的。

心存梦想，
再遥远的路途也不会寂寞

你不愿凑合，不愿将就，不过是因为还心存梦想。无人与你同进退时，无人向你伸出援手时，这寂寞的奋斗之旅必然会变得越来越艰难。

然而，如果不曾经历寂寞的煎熬，不曾在孤独中奋起，再美好的梦想也只会是一厢情愿。追梦的路上，只要勇敢地走下去，哪怕山高路远，行若微尘，也会迸发出夺目的光芒。

第三季《中国诗词大会》总决赛上，来自杭州的外卖小哥雷海为击败北大硕士，成功夺冠。站在舞台中央的他，落落大方。一句"千淘万漉虽辛苦，吹尽狂沙始到金"是他的获奖感言，也是他这半生努力的真实写照。

　　不会有人将诗词歌赋与外卖小哥联系在一起，然而 7 岁开始读诗的雷海为心中一直藏有一个火热的诗词梦，他着迷于文字的韵律感，喜欢放松心情徜徉于诗意的世界。

　　为生活所迫，雷海为成了外卖小哥。但有关"诗和远方"的梦想始终在他心中熊熊燃烧，于是他一有空闲时间便捧起诗词，反复默读，朗诵，直至一字不落地记住。

　　有了足够的积累后，雷海为报名成为《中国诗词大会》的选手。没有人能想到平平无奇的他会是最后的胜出者。想当初，他无数次头顶炎炎烈日，无数次顶风冒雪，在工作间隙徜徉在诗词的海洋中不可自拔，而以往的艰辛与努力都化为这一刻的夺目光彩。

　　年轻的我们总以为梦想的种子一被播种下去，历经岁月浇灌必得硕果累累。一再遭遇现实的打击才明白，实现梦想的旅途是那么遥远与漫长。但无论现实如何残酷，拥有梦想、百折不挠的人孤单却不孤独，他们永远值得被尊敬。

　　距上一次同学聚会已经过去半年之久，我的心情却久久无法平静。那天，最让大家刮目相看的不是嫁得如意郎君的班花，也不是继承了家族企业的同学，而是曾如丑小鸭般的蔡柔。当蔡柔穿着一身休闲西服入场时，所有人都眼前一亮，她薄施粉黛，清新怡人。

犹记得几年前，她还只是一家小公司的职员，待遇一般。2016 年，她毅然决定参加司法考试，从此迎来了人生转折。当年我就曾被她清晰且坚定的人生规划所震撼，如今见到成功实现梦想的她更是惊喜不已。

她回忆起自己当初去新华书店购买司考辅导书，揣在怀里偷偷拿回去复习的经历，调侃自己跟做贼一样。她不是法学出身，对一个门外汉而言，司考难如登天。3 月立下誓言，4 月开始复习，9 月即将面临考试，我几乎可以想象得到她一路走来曾面临多少艰辛。

"还好那时候工作比较清闲，很少加班，下班后基本是看书，背题，每天基本是两眼一睁，一直忙到熄灯。"蔡柔沉浸在回忆里。身体上的劳碌扛一扛也就过去了，但外界的非议很难承受。只是纵然前路艰辛，她始终满怀乐观。

9 月，蔡柔怀着忐忑不安的心情进入考场。不久后拿到成绩单的她欲哭无泪。卷二、卷三的成绩堪称惨败。复习思路混乱，只知道做题……她一点点分析着失败的原因，立誓来年卷土重来，再战司考。2017 年，她干脆辞职，下定决心背水一战。

那一年里，她舍弃了所有娱乐和社交，疯狂地投入到复习中。台灯从傍晚亮至清晨，桌上堆满了资料，她单薄瘦弱的背影匍匐其间……再一次进入考场时，她多了更多底气。

揭晓成绩前夜，她彻夜难眠。第二天晚上，盯着手机屏幕上足以让自己感到欣慰和惊喜的分数，她不停地揉着眼睛，确认了一遍又一遍……

或许，你也曾有梦想，有过变得更好的渴望。可历经现实的磨炼，尝过生活的艰辛，又软弱地退回到舒适圈。于是一群失意人相聚，深夜饮酒，杯子碰在一起都是梦碎的声音。

可是追逐梦想的路上，吃苦是避免不了的。忍受寂寞是苦，咬牙坚持是苦……可正是这些苦涩的日子孕育了你的未来啊。不经历成长的阵痛，如何迎来属于自己的舞台？利用生活的重重苦难来考验自己，才能早日练就高人一等的能力，才能真正孵化梦想。

日剧《四重奏》中有句台词很戳心："没有梦想、没有实力的人被称为三流；有梦想没实力的就只能被称为四流了。"不曾经历过那些寂寞的旅途、孤单的岁月，不曾傻傻地坚持，默默地努力，梦想怎能生根发芽，开花结果？

PART 3

自律达人必备：
一个斩钉截铁的目标

这么多目标，
你到底想要什么

在一本心理学书上看到这样一句话："只有一个目标的人，所具备的潜力与能量远远大于有很多目标的人。砍去多余的目标能帮助我们集聚能量，激发我们内在最大的潜能。"人生赛场上，目标不明确的人很难成功。原来，我们不是没有时间，而是目标太多。

好友青柠在2018年的最后一天给我发来一份梦想清单。我一边看，一边不自觉地读了起来："看完50本书，旅行5个城市，学会尤克里里，学习烘焙，至少减去10斤肉……"

这还只是闲暇时间的安排，还没看到职业规划，我就已经眼花缭乱了。青柠在微信上问我："你的2019年新计划呢？发给我一份，我帮你把把关。"

我打下简简单单的一行字，发了过去："看书，创作新剧本，深度强化 PS 等专业软件技能。"不一会儿，青柠大惊小怪起来："这就是你的新年展望？就这么简单？"

"要多复杂啊？老话不是说，贪多嚼不烂吗？我问你，2018 年的计划你完成了多少？"

听我提起 2018 年的计划，青柠一下子泄了气。回首整个 2018 年，她定下的大部分工作目标都没有完成，关于吃喝玩乐的那部分却是执行得很"到位"。

你是否也如青柠一样，每当新年来临之前都要列一连串的梦想清单？暗暗发誓，这次一定要好好完成，一天都不能懈怠。头几个月里，你可能很自律，每天都过得很充实。渐渐地，你有点儿倦怠了，感觉做跟不做没啥区别，你也没有变得更优秀一点儿。

就这样，一天比一天打不起精神。时间一晃而过，到了年底，你羞愧地发现，自己几乎还是在原地踏步。为了给自己吃一颗定心丸，你又打鸡血般订下一大堆计划……

那一刻，你一定没有意识到，目标太多，相当于没有目标。你的那些大计划、小计划之间很可能是相互矛盾、相互掣肘的。比如说你立志减肥，同时又希望尝到更多的美食。

每个人的 1 天都是 24 小时，精力又有限，那些助你成长的目标看起来同样重要，各个都"嗷嗷待哺"，先攻克哪一个？再厉害的人都很难做到面面俱到，只有在同一时间集中精力专注于同一件事情才有收获。总不能这件事还没做一半，立马转换战场做下一件吧？

目标过多的人很容易迷失自己。年轻人总恨不得手头所做之事立马能看见回报，恨不得许多目标接二连三地都能实现。但怎么可能呢？

一次专心做一件事，明确一个或几个斩钉截铁的目标，才能成功。若给自己设置过多目标，只怕我们会在努力的过程中渐渐忘了自己真正需要的是什么。

那时候，就算我们一刻不停地从年头忙到年尾，始终不敢停下脚步，也无法担保自己最后一定能走出一条宽阔大道。最大的可能是，我们始终在原地打转。

曾在网上看到这样一个故事，一位父亲带着三个儿子到草原上抓野兔。到达目的地后，一切准备完毕，开始行动前，父亲向三个儿子提了一个问题："你们看到了什么？"

老大踌躇满志，说："我看到了一望无际的大草原，藏匿在草丛中的、肥肥的野兔，还有我们握在手里装满子弹的猎枪。"谁知父亲摇摇头："你说得不对。"

老二犹豫了，他环顾四周，缓缓地说："我看到了爸爸、大哥、弟弟、猎枪、野兔，还有茫茫无际的草原。"父亲还是摇摇头："不对。"

而老三的回答只有一句话："我只看到了野兔。"这时父亲才说："你答对了。"

这个故事让我想到鲁迅先生的一句话："不耻最后。即使慢，驰而不息；纵令落后，纵令失败，但一定可以达到他所向往的目标。"

生活中，什么样的人最喜欢定目标？无疑是那些做事不够专心致志、三分钟热度的人。尤其是在自己什么事都做不好的时候，先定一大串目标已经成了一种习惯。

聪明的人都知道，目标太多，反而会让我们迷失前进的方向。只有那些清晰而具体的目标，才能让我们的一举一动从此有强有力的依据，再也不用傻傻地去绕弯路。所以，不妨删除多余的目标，只紧盯一个方向，走好脚下的每一步。

有目标的人都在奔跑，
没目标的人都在流浪

　　还记得作家三毛曾说过："一个人至少拥有一个梦想，有一个理由去坚强。心若没有栖息的地方，到哪里都是在流浪。"

　　目标清晰的人生才能称为远航，否则，我们终其一生都只是在流浪。不信，看看身边那些心无方向的人，总在被动地做出选择，于随波逐流中慢慢走入孤独无助的境地。

　　在我出生的那个偏远的小城市，身边很多朋友都通过自身的努力走向了更广阔的世界，发小浩歌就是其中一位。当年他拎着重重的行李箱，坐着火车直奔首都。在一间简陋的地下室里安顿好后，他挤入浩浩荡荡的毕业大军，开始了漫长的找工作之旅。

他学的是工商管理专业，却又不想从事本专业的工作。想要进入新媒体行业，可他连新媒体是什么，有哪些具体方向都不知道。迷茫的他四处碰壁。那天晚上，他跟我发牢骚，我问他："你有问过自己究竟有哪些爱好和优势吗？你想朝哪方面努力？"

过了好半天，他才回复我："我就喜欢与文字相关的工作，你也知道，我写文章很厉害。"我说："那你的目标很简单啊，就是有一天能够靠写作能力吃上一碗饭。"

多年后，浩歌对我说，我的那句话点醒了他，让他瞬间有了奋斗的目标。他在一家广告公司实习了足足半年，为了省钱，每天啃着冷馒头就凉水。好不容易转正后，工资虽然提了一大截，却也只够他维持在这个城市的基本生存需求。尽管如此，他还是对未来满怀信心。

那些年，浩歌工作起来极其拼命，私下里他也一直不忘看书学习，一有空就坐在电脑前码字。前两年，自媒体火起来后，积累了足够实力的浩歌一下子"腾空而起"。他一手创建的自媒体账号聚集了几十万的粉丝，每篇文章底下都有一大串的留言。

"我最终还是靠文字吃上一碗饭了。"浩歌谈起这些年的经历，很是感慨。如今的他，一边在原公司担任企划部主管的职位，一边经营着自媒体账号，日子过得极其滋润。

浩歌之所以能在激烈的社会竞争中脱颖而出，除了他足够努力之外，还在于他目标明确。如果他还是当初那个愣头青，根本不知道朝哪个方向去奋斗，如今的一切恐怕都是妄想。

还记得当初去一家公司面试的时候，面试官问我："我想听你谈谈自己的职业规划。3年内你想达成一个什么样的目标？"一番侃侃长谈后，我当场收到了录用通知。

入职多月后，和当初同一批进公司的新人交谈之下我才发现，被成功录用的我们都有一个共同点，那就是很好地回答了HR（人力资源顾问）的这一问题。在职场上积累了足够的经验后，越发觉得这个问题对职场人而言很重要，只因它能体现求职者最重要的一个素质：目标感。

如果求职者在谈起自己的职业规划时能做到胸有成竹，侃侃而谈，那么哪怕他谈论的目标仅限于中短期，至少表明，他对自己真正想要的东西有过深入的思考。

有着明确目标和详细行动规划的毕业生，相对而言，更容易找到满意的工作。HR 看中的学习能力、专业技能等方面，只要差距不是太大，一般都不是问题。

但没有目标感就是另一回事了。目标清晰的人能在一个明确方向的指引下集中所有资源和精力去努力，他们无须旁人提醒与监督。这样的人，在职场上也比那些莽撞、迷茫的同龄人更容易成功。而那些说不清自己的职业规划的求职者则很容易遭到淘汰。

与浩歌相比，我的大学室友芷梦则很让人头疼。她换工作跟过家家似的，总是东一榔头西一棒子，毫无目标感。还记得大学刚毕业的时候，几乎所有人都在疯狂投递简历，赶着参加各种招聘会，芷梦却过得优哉游哉，她甚至每天躲在宿舍里睡懒觉，看美剧。

不久，大家陆陆续续都找到了工作，芷梦却飞去云南大理，玩得不亦乐乎。回来后，她在班级群里挨个询问大家都在做什么工作，工资怎么样，前景如何。

听说一个同学从事互联网行业，工资很高，她便兴冲冲地说也想做这一行。后来听说没应聘上，她又去了一家号称"提成很高、时间自由"的销售公司上班。可惜只去了半个月，她便因为"底薪太低，压力太大"辞掉了这份工作。有一次，她联系我，问我如今在做什么。

我忍不住对她说："你得有自己的方向，挣钱再多的职业，对你而言不合适，你也很难做下去啊！"她却为难地说："我实在不晓得我最合适干什么，哪个行业我都提不起兴趣。只好广撒网了，总能找着合适的。"

事到如今，芷梦还没找着她口中那个"最合适"的工作。她做过销售、客服、出纳、人事，没有一份工作能让她彻底收心，几乎都是做着做着就辞职了。

在一篇文章中看到，加拿大冰球明星韦恩·格雷茨基说："不开枪，你就百分之百浪费了子弹。"很多人在激烈的竞争中始终寂寂无闻，相比优秀的同龄人，他们缺少的并不是信心、能力和智力，而是因为他们始终不知道自己追求的是什么，过一天是一天，迷茫无助。

你能走多远，首先取决于你心中的目标是否清晰。选定了方向，才不至于在左右摇摆中耗尽精力。只要你足够自律、努力，迟早有一天你能正中目标红心。

一个没有目标的人就好像一艘没有舵的轮船，要么迎来四分五裂的结局；要么随波逐流，最后搁浅在灰暗的、毫无未来的沙滩上。

当你知道要去哪儿，
全世界都会为你让路

看《爱丽丝梦游仙境》这本书的时候，被一段对话所吸引。

爱丽丝问小猫："请你告诉我，我该走哪条路？"

小猫回答说："你想去哪儿呢？"

爱丽丝耸耸肩："我觉得我去哪儿都无所谓。"

小猫亦耸耸肩："那么，对你来说，不管走哪条路都是一样的。"

年轻人总是说："我一定要通过自己的双手赢得属于自

己的生活。"你若问他们："你想要过什么样的生活？"他们当中很多人却吞吞吐吐，说不出个所以然来。可人生就是这样，当我们自己都不知道该去哪里的时候，其他人也只能爱莫能助地看你瞎努力，白费劲儿。

曾在火车上遇到一个女生，得知她的职业是兽医，惊诧之余，与她聊了许久。至今仍记得她说的那句话："年轻时总是在兜圈子，我也是在跌跌撞撞中才找对了属于自己的路。"

那年高考，她不顾父母的劝说，毅然报考了首都的农学院。大学头两年，专业课很少，那时候她心浮气躁，一心想要快速融入社会，成为独当一面的成年人。为了锻炼自己，她不惜逃课去发传单，冒着烈日站在街头搞促销，谁曾想最后收获寥寥，根本不及付出。

这条路走不通，她又对写作产生了兴趣。一开始她对自己很有信心，自以为熟读几本鸡汤文和几篇写作攻略，便能"一本成神"。谁料她断断续续写了一段时间后，只完成了几篇拙劣的小说，拿去投稿却一再吃闭门羹。没几个月，她便放弃了"以笔成名"的想法。

后来，她看了一部美食电影，又梦想成为一名咖啡师，在浓郁的咖啡香里享受此生。她跑去咖啡馆做兼职，成了一名点餐员。但这样的生活与她想象中的大相径庭，她忍受了很久，最后还是辞了职。这时她才发现，自己什么都没学到。

大学班主任找她长谈了一次，旁敲侧击地问她为什么总是逃课，专业课成绩拉下那么多。她低头不语，班主任见状，语重心长地批评了她一顿。那天班主任说了那么多，她只记住了一句："你有没有想过未来你想做什么，能做什么？"

女孩儿坐在我对面，皱着眉头说："老实说，那时候太年轻，从来没想过这个问题。那天晚上我想了很久才发现，其实我报考动物医学是因为我从小就想当一名兽医，怎么后来就忘了初心呢？"想通了这一点后，她如同获得新生，连走路都变得坚定有力。

她收起一切杂念，埋头学习，很快便成为年级专业课成绩靠前的学生之一。毕业后，她如愿以偿地成为一名兽医。如今她做着喜欢的工作，生活富足稳定，每天都过得很快乐。

听说别人写网文赚了大钱，于是辞去工作专职写网文；看见别人创业小有成就，于是头脑一热拿出所有积蓄投入不熟悉的项目；眼瞧着股市如此火热，立马两眼放光炒起股来……

　　这样的你，迟早会为做事冲动、毫无规划付出代价。想要为人生定下一个清晰明确的目标，我们首先需要认清自己是谁，有什么优势，潜力在哪里。不要将他人的梦想误认为自己的梦想，将他人今天的荣耀误认为自己明天的风光。我们有属于自己的路，永远不要邯郸学步，人云亦云。

　　旅途中遇到的另一个女孩儿也让我感慨良多。她毕业于名牌大学，如今却在贵州省遵义市的一所偏远山区里的学校教学。支教的日子里，她住在一间简陋无比的校舍中。白天给孩子们上课，嗓子说到嘶哑。晚上就在那间漏风的房间里批改作业，修改教案。

　　身边有的同学任职于世界五百强企业，拿着不菲的年薪，前途光明无比。有的同学已经迈入婚姻的殿堂，家庭稳定、生活幸福。只有她单身一人，为那些留守儿童付出了所有心力。

　　遇到她的时候，她正在准备研究生考试。她说，每次看到孩童们单纯炽热的眼神，内心就隐隐作痛。考取研究生后，她会回到这个落后的山区，为孩子们带来更多的知识和希望。

　　"别人的路是别人的，我想我一辈子都离不开那儿了。"她坚定地对我说。

与她分别后，那句经典的广告语在我耳边不停地回荡："谁能阻挡你，是别人还是自己？只要你知道去哪儿，全世界都会为你让路。"能找到愿意为之奋斗一生的事情实在是太不容易了，这个过程中，能抵抗失落、倦怠、焦虑的情绪，更是不易。

多少年轻人迷失在钢筋水泥的城市中：斑斓的霓虹街头，窗明几净的商店橱窗……但热闹都是别人的，只有心底的那份梦想与孤独属于自己。于是我们日复一日麻木又浮躁地生活着，为了生存而奔波，却不知道奋斗是为了什么，也彻底遗忘了活着的意义。

想逃出这样一个残酷的生存怪圈，你就必须看清楚自己目前身处何地，又有何凭依。明白自己的处境，找寻未来的方向。渴望着怎样的生活，就努力去编织什么样的"网络"。当你明白了你要去哪儿，你应该去哪儿，整个世界都会为你加油助威。

"要么瘦，要么死"，
实现目标需要破釜沉舟的勇气

　　你要相信，人的潜能是无法估量的，达到某一个固定的值就会爆发出无穷的力量。有时候，舍得将自己逼到绝路上，你想要的美好反而会如期而至。

　　春暖花开之际，周围好多女性朋友都悄悄地将朋友圈的个性签名改为那句著名的话："要么瘦，要么死。"等下次聚会的时候，她们中很多人看起来却比之前还要"富态"。

　　可当我看到阿萱时，真的吃了一惊。她原本也不算胖，只略微有点儿婴儿肥，如今可真算是窈窕瘦削，亭亭玉立的一枚"冰美人"了。"你该不是瘦了30斤吧！"我好奇地问。

　　"哪有？ 20 斤而已。"阿萱说。至于她是怎么瘦下来的，她却轻描淡写，一笔带过："无非是 2 个月不吃晚饭，每天下班后在健身房里苦练 2 小时而已。"

　　我说："你太有毅力了，说瘦就瘦。"阿萱不以为意道："当初就说了，要么瘦，要么死。"

　　阿萱确实是我认识的人中目标最明确，最有行动力的人。当年刚进大学校门，她便一门心思要考研，连报考的学校和专业都提前选好了。拼了几年后，她如愿以偿被某著名大学录取。周围一众好友谈起她那股不达目的誓不罢休的劲头，既佩服又羡慕。

　　"要么瘦，要么死"一度成为一句流行语，多少小姑娘将它当作减肥宣言。其实我并不是很赞同这样偏激而又决绝的减肥理念，但阿萱的经历告诉我，真正的自律，某个层面上指的是明确目标后破釜沉舟的勇气和不达目的誓不罢休的决心。

　　生活中，有太多人喜欢一边设置目标，一边想好后路。他们做起事来优柔寡断，毫无定性，稍微遇到一点儿困难就瑟缩着逃避，或者满嘴借口："最近一点儿学习的动力都没有，春天容易犯困。""减肥太辛苦了，都怪你们诱惑我。""不是我不上进，是我还没准备好。"……

非洲草原上的一种羚羊为了躲避猎食者的追捕，不惜跨越悬崖。它们积蓄力量，在千钧一发之际将自己变成一支箭，义无反顾地向前冲去。越过悬崖的羚羊也许会受伤，但等它们的身体恢复后，飞奔的步幅就会得到明显的增大。

这个社会比适者生存的大自然温柔不了多少，都是弱肉强食的世界。若没有决绝地斩断后路，将自己逼到悬崖之上的勇气，你将永远无法领略到成长的滋味。所谓"置之死地而后生"，人生也是如此，关键时刻下定决心，果断行事，才有可能绝处逢生。

经典老电影《当幸福来敲门》中，男主角克里斯濒临破产，妻子亦离他而去。当人生陷入困境的时候，他决绝地告诉自己：要么当上股票经纪人，过上富足、幸福的生活；要么沦落为流浪汉，葬送掉儿子的未来。

从此他有了一个清晰的奋斗目标，为此他做好了破釜沉舟的打算。为了当上股票经纪人，他吃了数不尽的苦，无数次深陷难堪处境……然而，挺过这一切后，最终的结果让人欣慰，克里斯成功当上了股票经纪人，他赚取的财富越来越多，最后成为一名百万富翁。

有句话说得好："将自己置于没有退路的悬崖，就是给自己一个冲锋的机会。"实践一再证明，身处逆境甚至绝境之中的人，反而能取得此生最出色的成绩。无论是肉体上的劳累，抑或思想上的重压，都可以催生人的勇敢，激发人的斗志，挖掘人的潜能。

金融学上有一个专业名词：触底反弹。即当经济跌落到一定的底线后，一定会开始强劲反弹。这让我想起有个朋友老是画不好眉毛，于是她干脆将眉毛都剃掉，逼着自己去掌握画眉的技巧。

几周后，她便熟能生巧。可见，很多时候你必须把自己逼到绝境，才能熬过凛冽的寒冬，迎来曼妙的春光；必须把自己逼到绝境，才会发现一切皆有可能。而人的一生中，从来没有任何一个时刻称得上真正准备完毕。迎难而上，说做就做，方是勇者本色。

当你想要减去多余的肥肉，就马上去运动；当你想要升职加薪，那就从现在开始努力提升自己；当你遇到了一个千载难逢的创业好点子，就要有尝试的勇气。

最怕的是你始终"厚待"自己，一边嚷嚷着"要么瘦，要么死"，一边偷懒，给自己找借口；一边抱怨着"怀才不遇"，一边"三天打鱼，两天晒网"，努力一阵消沉一阵；一边羡慕那些真正付出行动然后赚得盆满钵满的同龄人，一边贪图舒适圈的安逸……

想要做到自律，说难也不难。当我们找到内心目标的时候，我们身上的潜能才会被发挥至最大。但若想顺利地实现目标，有时候真的缺少不了那一腔孤勇。也许你也正对未来跃跃欲试，但请记住，只有找到最准确的发力点，只有抱着"必死"的决心，才不至于一拳打空。

自律的路上，
计划远比激情更重要

激情可以点燃梦想，但只有明确目标才能将这份模棱两可的热爱变成未来。一份心血来潮的"我喜欢""我想要"无法支撑你到达终点，唯有细致具体的计划才能让你完成蜕变。

下班时瞥了一眼手机，突然发现被同事夏巧拉进了某个"早起群"。群里上百个人此起彼伏地喊着口号："早起的鸟儿有虫吃！""做不到早起，还谈什么未来！"……

我赶紧给夏巧发去一个信息："这个群咋回事啊，你们都打鸡血啦？"不久，她回复我道："我特意拉你进来感受一下这个激情的氛围，我们一起早起打卡拿奖金！"

在夏巧的软磨硬泡下，我无奈地交上一笔挑战金。她介绍说，挑战成功的人都能得到奖金，但失败的人先前交的钱就会被早起者瓜分。她兴奋地问："听起来是不是很有诱惑力？我的懒癌要被治愈了！"我有点儿担心："先试过才知道行不行。"

在单位里有着"迟到大王"之称的夏巧自从加入那个早起群后，开始天天都早早来到办公室，还笑眯眯地帮所有人买好早餐。她跟我分析道："我算是想明白为什么先前我总是做不到自律了，因为我不够有激情啊。为什么没有激情，因为没有奖金的诱惑啊……"

她足足坚持了1个月，我们都以为她转了性。谁知从第二个月起，她又恢复了隔三岔五迟到的旧日生活，还频频登上经理的"黑名单"。我问她："你又开始睡懒觉了啊？"她打了个哈欠，无精打采道："早起已经耗尽我的激情了，看来我的懒癌已经深入骨髓了。"

那个"早起群"里，喊口号的人越来越少，固定打卡的更是寥寥无几。那些曾满腔热情立志要早起的人一个个退出了群，坚持下来的不过十来个人……

追逐成功的道路上，我们从不缺激情。但为什么每一次立志都会迎来失败的结局呢？热情昂扬地立下豪言壮语，满怀信心地去践行，谁知没过几天便又故态重萌，生活继而恢复成一潭死水。大家似乎都陷入了这样的怪圈，无法自拔。

其实，激情这种东西既不可控又不可信。比如说，以前考研时，一个睿智的老师告诉我，一本专业书就是一个目标，想要把知识点学透，就得先把书学厚，再学薄。

意思是边看书边记笔记，随手夹在书里，慢慢地，书就厚了。等理解了一个知识点，就去掉一个笔记。随着掌握的知识点越来越多，书也变得越来越薄。

然而，很多年轻人一旦决定考研，立马激情澎湃地买书，报班，结果顾此失彼，哪本书都没有真正地"啃透"，真正重要的知识点永远停留在课本上。

可见，靠着一时兴起，你永远不可能真正变得自律起来。想要有行动力，你得找到一个明确的东西来激励自己。比如说，具体的，可以依靠自律和努力步步实现的计划。

怎么制订计划？仔细想想，这一两年内你最迫切想要实现的目标有哪些？这个目标简单清晰，却又非它不可。比如说，顺利通过司法考试，备考雅思，升任公司管理层，等等。

　　确定了一个大目标后，你下一步需要做的是预估计划的进程。如升任主管的必要条件是什么？需要掌握哪些工作技能？每学会一项技能需要多少时间？提前预估，是实施计划的基础。

　　剩下的就是将所有大的目标和工作"肢解"，归类，分阶段设置。就和做饭一样，需要买菜，洗菜，切菜，最后下锅，每一步如何去做，都要安排妥当。阶段性计划很重要，它能让你一直前进，并对自己的进步程度胸有成竹。

　　设置好阶段性计划后，接下来是设置周计划。我身边的自律达人都有一个好习惯，那就是记周记。每到周末下午，他们会专门匀出时间来做周计划。这让他们收获良多。

　　他们首先会检查上周计划完成得怎么样，总结经验。再将接下来一周要做的事情一一安排妥当。一个好朋友笑着对我说，每周做一次计划，好比给心情做一次"按摩"。看着那些小目标一个个被画掉，坏心情也随之一扫而空，一整周都元气满满。

　　设置每日清单同样也很重要。成长过程中，身边不止一个人告诉我，提前一天将第二天要做的事写在便利贴上，然后逐一攻克，是他们变得优秀的秘诀。

　　如果你光有激情却毫无毅力，那么你最缺的是一本厚厚的笔记本。不妨将你所有的大目标、阶段性计划、周计划、每日清单都记在上面。将骨子里的激情转化为持续的动力，耐着性子将那些最无趣、最枯燥的事情重复无数遍。当你写满厚厚一本、两本甚至更多本笔记本时，你会发现，它们正一步步帮助你搭建出理想中的未来。

坚定目标，
拒绝朝三暮四

明确了当下对自己最有帮助、最有意义的目标，就不允许有任何改变。你要做一飞冲天的火箭，在蔚蓝的天空划过耀目的身姿；而不是墙上的钟摆，终日回旋往复，重复着失败的自己。

前几天，经理又骂哭了一个实习生。见她哭得上气不接下气，我安慰了她几句。原本也不是什么大事，她却颇感委屈，不断地跟我抱怨说："这事儿怎么能怪我呢？"

原来之前经理安排她给一篇文章排版，她为了找到合适的配图花了很多时间，还特意请教了一位职场前辈。对方建议她最好学一点儿修图技能，这样才能将图片处理得更完美。

她觉得有道理，便放下手中的工作自学起了修图。没学几天，发现懂一点儿网页制作对自己目前从事的这一行极其重要，她又放下学习修图，看起了有关网页制作的专业书籍。

结果大半个月过去了，她还是不知道怎么排版，平时工作起来也总需要旁人给她收尾。虽然她很努力，但各项工作技能又都一知半解。

想要改变现状，唯一的方法是从目前最困难之处入手，确立一个向上走的目标。而目标定下了，就不要轻易撒手。千万不要看看这个，想想那个，最后却什么都没做好。不信你看看身边那些优秀的人，他们的自律表现为：总是心无旁骛，咬定一个目标不放松。心无定性的人却容易朝三暮四，不停地变换目标。

我曾被石油大亨约翰·洛克菲勒的那本书所吸引——《只有偏执狂才能成功》，后来又迷上了著名企业家安迪·格鲁夫撰写的《只有偏执狂才能生存》。这两本书的核心观点都是：在人生的旅途中，你可以不断修正方法，但不要轻易改变目标。

生活中，但凡遇到困难便不停地更换目标，美其名曰

"退而求其次""曲线救国"的人太多。为了减少挫败感，他们大多选择不断降低预期值，一再突破底线，最后干脆放弃。

然而，另一些人"咬定青山不放松"，宁愿改变方法，也不愿重置目标。对他们而言，条条大路通罗马，这条不行就换那一条，办法总比困难多。能成大事者大多是这样的人。

我有一位做销售的朋友，他刚入职时，公司给每一位业务员都设置了季度销量300万的达标线。那时他初出茅庐，既无过硬的学历背景又无客户资源，于是不断地碰壁。

每到季度业绩考核，就是他最头疼的时候。为了完成销售任务，他绞尽脑汁，几乎想尽一切办法。比如说，他曾为了挖掘高质量的客户，花了很长时间去学习打高尔夫球。或者"潜伏"进一切他能混进去的酒局、饭局，尽可能地积累客户资源。

每当他发现这个方法行不通时，便积极开动脑筋换新思路，找另一个方法去尝试。就这样，不到半年，他便成功突破了300万的销售额。

就在他不停想着攻克目标的新办法时，他的一个同事却不停地跟主管讨价还价："300万销售额太高了吧！我是新人，怎么说也得降到200万，或者100万……"纵然主管同意给他降低目标，可这名同事的业务依旧毫无进展，没过多久就主动离职了。

职场上总是充满未知的挑战，这是我们成长的必经途径。若此时的目标对于现阶段的你而言十分困难，一定要摆正心态，像狮子一样紧盯猎物，不停开拓新方法去攻克它。成功的概率虽然不是百分之百，可一旦你为自己争取到一线之机，便极有可能闯出一片天地。

可是如果你一再对目标讨价还价，或者老是更改目标，其实相当于根本没有目标。而一个没有目标的人，如何走得长远？追逐梦想的道路上，我们每个人都会遭遇挫折和困难。想要做成一件事，就必须得克服朝三暮四的毛病，培养做事专一的品质。

无论目标有多遥远，身边那些优秀的人都会选择改变方法，守住既定的目标不放松，或者在原先的目标上开辟新的道路，这样才能迎来柳暗花明的一天。最怕的是你还没思索清楚就贸然转变方向，或者降低目标，最后竹篮打水一场空。

逼自己自律前，
先确定目标的可行性

　　设立目标，应遵循"由小到大""由简单到复杂"的原则，甚至具体到下一步怎么做，分几个步骤去做，一步步循序渐进。最忌讳的是急于求成，太过浮躁。

　　前两天，听说老家的表弟闹着要退学，不由好奇地探问原因。母亲没好气地说："他说上学没意思，他想去当网络红人，一夜成名。"我哑然失笑："这么幼稚啊。"

　　母亲却说："我看这次他不是说说而已，听你小舅说，他天天早起锻炼，拿手机拍视频，回来就坐在电脑面前，不晓得捣鼓些啥。你劝劝你这表弟呗。"

　　纵然母亲大人一声令下，我依旧胸有成竹道："放心吧，网络红人哪有那么好当的？过两天他就想通了。"果然，没几天，便听说表弟乖乖背起书包去了学校。

他还给我朋友圈留言道："唉，成名太难了，还不如考个好点儿的传媒大学。希望今年的成绩能进步一点儿，最好能考进前 100 名。"

生活中，这样的对话时常发生：

"我要是能成为明星就好了。""明星？你还不如多加 1 小时班，多挣一点儿钱。"

"3 年内，我要升任总经理！""你先做好手头的事好不好，办公软件都用不利索。"

"这一年我要看完 100 本书。""你先完成去年的计划再说吧。"

……

1 个月减肥 60 斤不太可能成为现实，1 年内出任公司CEO（首席执行官），迎娶白富美也只是你的幻想。如果你设定的目标太大，太空，太不切实际，就相当于在一意孤行地建空中楼阁。

也许你给自己设置的目标并没有这么夸张，但你有没有想过，为什么你总是半途而废，始终难以坚持下去？也许你曾埋怨自己执行力太差，不够自律。这是一个原因，但目标不够贴近现实则是另一个重要原因。忙着行动之前，不妨先审视一下你的目标，是否足够脚踏实地。

近段时间看过最有收获的一本书是李笑来的《把时间当作朋友》。他说，想要证明目标现实可行，有两个标准：已经有人做到了；我与那个人没有太大的差距。

他分析道："'已经有人做到了'，并不说明我也能做到。我还要想，他在多长时间内做到的？通过什么方式做到的？我和他的区别究竟在什么地方？哪些是我根本无法超越的？我的相对优势在哪里？我有没有可能通过其他一些方式弥补我的相对缺陷？"

我曾将这一方法用在自己身上，帮助良多。我给自己设置的目标是不断积累，实现职场上的进阶，同时成为一名资深的文字工作者。我的比照对象是大学学姐沈冰。我们身上有很多共同点，比如说起步相近，优势也差不多，而她如今的成功间接证明这个目标可行。

那么她是花了多长时间实现自我成长的呢？从大一入学到现在，将近10年的时间。她是如何做到的？大学期间，她阅读广泛，尝试着在文学网站上进行创作。毕业后，她进入出版行业步步打拼。她一边积累高质量的客户资源，一边坚持写作。中间一段时间，她离开职场去进修，在拿到文学硕士后，强势"杀"回职场。

我们之间的差距显而易见，比如她的文凭优势，比如她从毕业后一直深耕于出版行业，与文字始终联系紧密。我却连换工作，最近几年才找准自己的方向。然而，我也有着很多她无法比拟的优势，例如我各行业积累的资源远胜于她，职业发展的可能性远远超过她。

如何去弥补自己的缺陷呢？先设立具体可行的目标，一点点靠近终极梦想：保持深度思考；笔耕不辍，保证每年都能输出新的作品；扩宽职业发展道路……

身边很多优秀的朋友会遵循"SMART 法则"来设置目标，这使他们每一步路都走得极为稳妥。依据"SMART 法则"，第一步是"Specific"，保证目标明确具体。很多人新一年的计划是"我要保持身材"，但其实是一种空洞模糊的口号，缺乏具体的实施步骤。

第二步是"Measurable"，保证目标持续，可衡量。你得给自己设置一个成长的进度条，一边考察自己进步的情况，一边找出自己做得不周到的地方，这会让你更有动力。

第三步是"Achievable"，保证目标可完成。不是人人都能像王健林一样，先定个1个亿的"小目标"。你动不动就嚷嚷着要当明星，升任CEO，只会让人觉得你肤浅不靠谱。

第四步是"Rewarding"，保证及时收到"报酬"。很多人之所以总是逃避当初设定的目标，是因为在追逐目标的过程中，他从头到尾都尝不到一点儿"甜头"。这是不对的。你要保证你每天做的事情都能给自己带来一点儿正面的反馈，你能亲眼看见自己的变化。

第五步是"Timed"，保证"放长线，钓大鱼"。无论想要完成哪一类目标，都要设置固定的时间规划，直至养成习惯。比如说每晚下班，8点至9点跑步1小时。那么每天你最好雷打不动地去执行这件事，不要遇到点儿困难就逃避。

一个现实可行的目标能让你一点点进步，你迟早有一天能遇见更好的自己。而不切实际的目标会引导你走向一段空虚的旅程，你做的梦再美好，于人生而言也是毫无意义。

PART 4

管好每分钟，
就能改变生命的密度

刷抖音的时间，
够你绕地球跑一圈了

　　同事倩倩又顶着黑眼圈出现在办公室，中午她打着哈欠说："唉，最近是中了抖音的毒，感觉停不下来了。有时候好像没玩多久，一看时间已经过去 2 个小时了……"

　　我自己刷抖音的时候也有这样的感受，时间似乎消失得无影无踪。那些小视频带来很多新鲜好玩的视觉刺激，也许一开始你只是被一只跳"海草舞"的萌犬吸引，可越来越多、搞笑逗趣的短视频，让我们欢乐，惊讶，手指根本停不下来。不知不觉中，大段大段的时间正迅速地"枯萎"，消亡。

　　曾经，我也在这种短期快感里沉迷，无法自拔，上一秒还在抱怨没时间学习、锻炼，下一秒却在朋友圈转发了一个有趣的小视频。一不小心就玩到了凌晨。

虽然每次玩完，心里都会有一种罪恶感，涌起一股空落落的感觉，觉得时间又白白浪费了，但还是舍不得卸载抖音。直到某天在一场演讲中听到这样一句话："不懂得利用好时间，你如何过得好这一生？"

这振聋发聩的质问令我羞愧得无以言表，当场卸除了抖音和其他无用的手机软件。很多道理我们不是不懂，只是一进入光怪陆离的网络世界，走着走着就忘了；即使依旧铭记初心，但一拿起手机便觉得轻松，于是也玩着玩着就丢了。

我下定决心要把浪费在抖音上的时间补回来。于是给自己下了死命令：周一到周五从晚上 9 点开始，关掉手机，阅读一本专业书。一开始，我的心思总是不由自主地飘向一旁的手机。后来我干脆将手机锁在另一个房间的柜子里，强迫自己将思绪沉淀于文字之中。

一开始远离抖音时，总想找理由放纵自己"再刷一会儿"。后来知道这在心理学上被称为"行为上瘾"。当我们快速刷抖音的时候，大脑中的多巴胺会瞬间激增，"行为上瘾"因此而形成。

　　普林斯顿大学著名心理学博士亚当·阿尔特在《欲罢不能：刷屏时代如何摆脱行为上瘾》中，逐一列出行为上瘾的构成要素，包括：极其诱人的目标，无法预知的积极反馈，越来越有挑战性的任务，逐渐改善的感觉，无与伦比的刺激、紧张感，强大的社会联系。抖音吸引人的奥妙正在于此。

　　为了躲避抖音的诱惑，我想了不少招数，比如规定查看手机的次数和时长，但效果总不太好。后来，阅读杂志的时候偶然发现，英特尔等国际著名企业开始在员工管理中加入一条"无电子邮件日"，就是为了减少那些不必要的干扰，提高员工的工作效率。我开始尝试将周末定为"无手机日""无抖音日"，完全隔离手机的影响。

　　另外，我也放下和手机对抗的姿态，想办法与它和平相处，毕竟生活离不开手机。我更改了使用手机的时间，以便更高效地去做重要的事。

　　比如，以前每次早起去办公室，第一件事是打开手机，看看朋友圈新动态，查看天气预报。有时候，一玩就是1小时。后来，我将查看天气预报的习惯挪到前一天的晚上，这样就很好地避免了早上长时间玩手机。当然，做到这些的前提是养成"说放下就放下"的果断行动力。人是善于逃避的动物，只要抖音带来的危害短时间内还未显现，便一次次沉溺于眼前的享乐，听之任之。有多少宝贵的时间，就是在这小小的放纵中消失殆尽的。学会拥有行动力，我们得理智地警醒自己，到点了就关掉手机，不拖拉不熬夜，把精力留给其他该做的事。

　　说到底，抖音没有那么可怕，可怕的是我们玩物丧志。所谓的被抖音毁掉，实际上是被自己的懒惰与贪图享乐毁掉。适当的休息、娱乐当然是很正常的事情，可毫无自控的放纵，只会让自己的人生越来越快地偏离正轨。

你业余时间悄悄掌握的技能，
总有一天会变成惊喜

　　好友雨盈最近又开了一家瑜伽会馆，应邀参加开业活动的时候，看她忙前忙后的样子，打心里为她开心。还记得几年前，初出茅庐时，雨盈那副青涩的样子。那时候工作压力大，我们靠追剧、逛街、吃美食来疏解压力，雨盈却通过瑜伽来释放身心。

　　她是那家瑜伽会馆里最勤奋的学员，五花八门的动作越来越熟练标准，有一天，她兴奋地告诉我："教练说，我的水准已达到了专业的标准，要聘请我当兼职瑜伽老师呢！"

　　我很惊喜，立马鼓励她抓住这个机会，勇敢去尝试。从那以后，雨盈练得更勤了。除此之外，她抓紧时间研究瑜伽

各个流派之间的窍门与差异，取长补短，因材施教，独创了
一套瑜伽教学方法。学员们上她的课总是很轻松很愉快，渐
渐地，她越来越受欢迎。

再后来，她辞去了本职工作，拿出多年攒下的积蓄开
了一个小小的瑜伽馆，当起了老板。她的瑜伽馆名气越来越
大，逐渐有了自己的品牌和团队，最近还开了一家分店。

我们几个好友在谈起雨盈的成功经验时，都很懊悔自己
当初的无作为。最后，大家都感慨道："原来业余时间花在哪
里，几乎能决定我们会成为一个什么样的人。"

反观我们身边那些年轻人，下班后要么坐在电脑屏幕前
百无聊赖地捧着零食追韩剧，要么情绪高涨地打游戏直到凌
晨。周末一躺就是一天，只顾着玩手机逛论坛；或者不带目
的地瞎逛，这个旅游景点，那条美食街……

有过来人质疑我们的生活方式，我们还振振有词，说只
有这样才能彻底放松身心、增长见识。直至时间不知不觉地
溜走，蓦然回首才发现自己始终在原地踏步。

曾看过一篇报道，一些科学家针对人脑进行了一系列研
究，发现对人的智商造成影响的脑细胞大体相当。那为什么
有的人聪明伶俐，有的人却愚笨迟钝；有的人成就显著，有

的人终其一生碌碌无为呢？爱因斯坦给出了答案："人的差异在于业余时间。"

哈佛大学亦流传着一个著名的理论：业余时间足以挖掘一个人的潜力，而晚上8点到10点之间的时间安排几乎决定了一个人的命运。上班8小时，大家一样地全神贯注，忙于工作。下班后，你全身心投入到各种娱乐休闲活动的怀抱，别人却在争分夺秒地读书、健身、思考问题、研究专业技能，久而久之，你和对方的差距将越拉越大。

曾在一场读书会上见到《尘埃落定》的作者阿来，他谈起早年创作时的诸多经历。阿来原先在偏僻的山区教书，那儿没有通公路，学生上学要走很远的路。孤寂的岁月里，其他同事一下课就聚在一起打牌，找乐子，他却不可自拔地沉浸在阅读中。

那是20世纪80年代初，他还记得读的第一本历史书叫《光荣与梦想》，读的第一本小说出自海明威。将海明威读得滚瓜烂熟后，他相继琢磨起了福克纳、菲茨杰拉德、惠特曼、聂鲁达等人的作品。虽然没有经过写作方面的专业训练，他的文字驾驭能力却与日俱增。

后来在教历史课时，他接触到了藏族土司制度。课下，为了研究藏族人的历史及生活方式，阿来四处查阅文字资料，撰写心得体会，几乎将所有的空闲时间都花在了这一课题上，这份研究长达 10 年。终于有一天，灵感喷涌而出，震惊文坛的《尘埃落定》问世。

谈起创作的过程，阿来兴奋地说："那一年的 5 月，我坐在窗前，面对着不远处山坡上一片嫩绿的白桦林，听见从村子里传来的杜鹃的啼鸣声……我打开电脑，多年来在对地方史的关注中积累起来的点点滴滴，在那一刻忽然呈现出一种隐约而又生机勃勃、含义丰富的面貌。于是，《尘埃落定》的第一行字便落在屏幕上了……那是一种自然的流淌。"

如今，大部分公司都实行"双休制"，有人分析道：假设一个人能活 72 年，那么他一生中的时间分配差不多是睡眠时间 20 年，工作时间 14 年，用餐时间 6 年，文体活动时间 8 年，生病时间 2 年，剩下的是长达 22 年的闲暇时间。按照这一算法，闲暇时间占据人生的比例最大。

除了生活和工作的时间外，如何充分利用这 22 年的闲暇时间，甚至能决定我们的人生走向。你可以凭理智做出选择，是用它来闲聊、泡吧、维持无用社交，还是将这宝贵的时间投资在一项或几项极具潜力的特长、爱好上，或磨炼一项特殊技能，或加强工作能力……

电影《再见！不联络》中有一句经典台词："我们往往高估了 10 年后能做的事，却低估了 1 年内能做的事。"我们不断地编织着关于未来的梦想，3 年后工资翻倍，5 年后做到管理层，10 年后功成名就，突破现有的阶级……

一边沉浸在幻想里，一边无所顾忌地浪费着闲暇时间，于是最终成为一个一无所成的平庸之辈。有人说，时间花在哪里，成就就在哪里。若能郑重其事地利用好每一天的闲暇时间，主动去成长，主动为未来积蓄光芒，岁月迟早会还你一个惊喜。

排除干扰，
控制你的注意力

　　闺蜜安楠前段时间在准备一个职业考试。每天下班后，她吃完晚饭，8点开始看书。每次看书前她总想着先玩一会儿，于是拿出手机和朋友闲聊一会儿，不知不觉半小时过去了。

　　收起手机，翻开书本，还没看几行字，注意力又被一旁不时亮起的手机屏幕吸引。原来好友群里又有人聊了起来，她忍不住拿起手机，加入了群聊。等她聊完了，再去看书，却发现之前记住的知识点这时候又变得陌生起来。总而言之，她很难进入深度学习的状态。

　　安楠陷入的是一场"注意力危机"，这在如今这个快节奏的社会中已经不是什么新鲜事。手机上五花八门的新闻和信息、各种光怪陆离的APP（应用程序）瓦解了我们的专注力，久而久之，有效的工作时间慢慢减少，工作能力也逐渐降低。专心看完一本书，对我们而言都成了一件难事。

干扰的来源主要有三个：环境、别人和自己。

外部环境的干扰诸如嘈杂的噪音、昏暗的灯光、充满异味的空间、突然的来电、微信消息提示、邮箱有新邮件的提示等；别人的干扰多指别人的评价、指责、赞美等态度；自己的干扰则包括内心的虚荣、懒惰、心情的好坏等。

大部分人都很难完全抵挡来自外部的干扰。有鉴于此，我们可以主动给自己设置"无干扰区"。比如说，早起半小时。这时候大多数人还处于酣睡中，干扰比较少，我们不用匆忙准备上班，通常很容易静下心来看书和思考。时间久了，早起的半个小时就会变成固定的"无干扰区"。

另外，手机肯定是我们面临的一个重大意志力灾区。在网上看到，有"大侠"建议抗干扰能力差的人，把手机放在伸手够不到的地方。哪怕手机处于关机状态，也最好放置在视线之外。看到这一点我不由心生疑惑。

把手机放在够不到的地方来抵御干扰，这一方式我很认同。但是关机了的手机，不能打电话、玩游戏、刷朋友圈，还有什么必要放置在视线之外？我做了个实验，把手机关掉放在眼皮子底下，余光随时都能扫描到手机那黑黑的屏幕。

奇妙的现象发生了，我发现目光每接触一次手机，就忍不住想，会不会错过重要的电话？微信上会不会有什么比较重要的消息？无数次我都想打开手机看看，为此，我不得不匀出部分注意力提醒自己："集中精神，不要玩手机，不要浪费时间……"

事实证明，智能手机离我们越近，我们的专注度和执行力就越不受控制。抗干扰的最好方法，就是远离干扰，不要高估自己的意志力，更不要故意去考验它。

如果我们真的做不到远离手机，不妨将你要做的事情编辑到备忘录中，并开启定时功能。我的一个朋友十分"机智"地将每天的工作任务设置成手机壁纸，这样每天他一打开手机，就会不由自主地产生焦虑感。这股焦虑感无时无刻不在督促着他放下手机，投入到工作状态。

除此之外，别人的干扰也很容易影响到我们。比如，团队合作的时候，明明都是一个团队中的人，有的人忙得焦头烂额，有的人却偷空玩手机。你稍微认真一点儿，那些人却嘲笑道："真笨，有福不会享！"你是不是很容易在这些言论中怀疑自己，不知道是该坚持做自己，还是和他们一样随大流？

当然，我觉得最难对付的，还是来自自己内心的干扰。比如，你处理的某项工作任务本可以在截止日期前轻松完成，可是，你是个完美主义者，做着做着，你发现这儿加上一个环节也许更出彩，那儿添点儿细节会更有味道。于是你推翻原计划，转而研究起另一个方向。这般横生枝节，最后却本末倒置，使得主题越发模糊。

前几天看到一篇名为《全神贯注：注意力和专注生活》的文章，其中有一句话令我感悟尤深："你才是自己头脑的主人，注意力只是一个工具而已，你可以操控它。"想要从这场"注意力危机"中脱身而出，我们唯一能够依靠的只有自己。

想要到达心心念念的远方，首先要做的是与前进过程中的所有干扰因素来一场"决战"，并将所有的注意力集中在最初的梦想上，不畏人言，砥砺前行。

学会说"不"，
把时间用在更重要的事情上

朋友告诉我，她刚刚拒绝了好几份报酬优厚的兼职邀约。我感到很惊讶，朋友上班时间比较自由，工作任务也不是很繁重，完全可以一边处理本职工作，一边挣点儿外快。

她说，自己也是犹豫了很久才做出了这个选择。当初她选择入职这家公司，为的是长线发展。她是做好了深扎这一行业的准备的。这一阶段，她时间最多，精力最好，当前最重要的目标是将本职工作做到完美，并通过各种渠道去提升工作技能，积累行业内的资源。

我们身边那些真正厉害的人，总是敢于对外界诸多的诱惑说"不"。他们能透过复杂的局势瞄准自己的定位，找到那条最适合自己的道路，然后做出真正明智的战略化决策，即果断地放弃那些看似有利可图的事情，将宝贵的时间用在那些真正有用的事情上。

很多人都有一种"求全责备"或"一口吃成一个胖子"的心态，不懂取舍，不知道该如何说"不"。其实，时间久了你会发现，你在那些不重要的事情上投注了再多的精力也难以获得与之相匹配的收益；可若因此耽误了那些重要的事情，只怕会追悔莫及。

如果你在当前的工作中目标良多，一定要及早确定那个最重要的目标，然后果断砍掉和这个目标毫无关系的一些"枝枝蔓蔓"甚至是工作机遇，心无旁骛，全力奔跑。千万别抱着"好像这样也不错，再考虑考虑"的想法，时不我待，这只会令你损失更多。

每天有效工作的时间就那么几个小时，若是"胡子眉毛一把抓"，只怕事情会越做越多。你要做的，是暂时退出微信和QQ，关掉邮箱，划出整块的工作时间。而且，你的"选项"越少，每个选项能够分配到的时间就越多。对此，我的经验是，每天保证只处理1~3件事情。并且，无论要处理什么事情，都事先拿笔记下来，随时提醒自己。

有时候，我很容易被一项繁杂的工作弄得心烦气躁。后来，当我遇到这样的情况时，会先将大的任务分解，变成一个个小目标，再用一条线将这些目标串联起来。对一些较为困难的小目标，要么暂时放弃，要么推迟，绝对不会在这些"难啃的骨头"上耗费太多时间。

我首先会瞄准那些更容易、更感兴趣的部分，以此入手，等工作状态慢慢上来了，再去攻克那些比较困难的部分。身边很多朋友却喜欢挑战自己，一上来就与那些"难啃的骨头"硬碰硬。可依我的经验，大部分人都会因为信心受损，最后知难而退，不了了之。

身边还有很多人希望通过各式各样的社交来为未来铺路。可若本末倒置，白白浪费自己的时间成本去当别人的垫脚石，无异于做无用功。其实，你能获得的价值不在于社交本身，而在于交换这一手段。

想起我刚入职场的时候，因为怕得罪任何一个人，我会认真回复每一条信息，每一封邮件，即使完全没必要；会因为几句撒娇"卖萌"的话就对其他同事的请求来者不拒，即使自己早已被分内的工作任务压垮。

有个前辈说得好："钱没了可以再赚，失恋了还能再谈下一场恋爱，离婚了也可以从头再来，唯有时间一去不回头。"
如果我们将有限的时间花费在大量无用的事上，那还能剩多
少时间与精力在本该认真对待的事情上？

何况，至交好友在质不在量。以玩乐为目的的社交能少
就少，不要白白消耗自己的生命。

曾不止一次地听过这样一个比喻，人生好比满满一杯
水，每个人都来向你讨水，你无法说出那个"不"字，便
只能将自己的水分给旁人，你的精力和时间就会因此而白白
流失。

而一旦你学会了说"不"，就能将充裕的精力与时间投
注在更重要的事情上。你默默积蓄着能量，终有一天，你的
"水"会满溢而出，惠及身边的人。

如何利用碎片化时间，
成为一个很厉害的人

有一次下班路上遇见了办公室新来的姑娘明秋，见她戴着耳机，嘴里叽里咕噜地念着什么，我很是惊讶。仔细一听，才发现她正在学英语。我不由和她打了个招呼，好奇道："你好勤奋啊，下班路上还在学习。"明秋摘下耳机，不好意思地笑了笑："主要是没时间啊，回家还有一堆事。"

与明秋熟悉后才知道，她准备出国留学，所以每天都在争分夺秒地学英语。地铁上，别人都在拿手机刷新闻，她却用软件学英语。即便是中午排队打饭的几分钟，她都不放过。

越来越多的人意识到，层出不穷的移动媒体正将我们的生活及工作时间分割成一块块的碎片。碎片化时代，每个人都在感慨时间去哪儿了。

时间在我们闲聊的时候悄悄溜走了；时间在我们刷朋友圈的时候静静消逝了；时间在我们追剧的时候一去不复返了。

有一段时间我要看一本专业书籍，规定好 1 个月看完。结果 1 个月过去，才看了二十几页。我恼怒于自己究竟把时间都花在哪里了，因此，算了一笔时间账。

早起排队进地铁 10 分钟，搭乘地铁 1 小时，上班时等待开晨会 15 分钟，午间在食堂吃饭排队等待 10 分钟，工作间隙玩手机 50 分钟，和同事闲聊 30 分钟，下班回家搭乘地铁 1 小时，每晚临睡前玩手机 40 分钟。

我发现，时间从来都不是被整块整块浪费掉的，而是几分钟几分钟地悄悄跑掉了。所有这些碎片化时间加起来竟能超过 4 个小时！看起来微不足道，加起来实在是惊人。

一位朋友在公司担任新媒体编辑，工作压力很大。为了更高效地完成工作，他安排自己每天利用上下班等车、通勤的时间阅读一些与自己工作相关的专业文章，以掌握行业内的最新信息。他还会利用智能手机的一些功能对文章的重点进行标记和备注。

中午和工作间隙，他专门用来回复工作邮件，或与同事互换工作进度与信息。晚上回家后，他会专门空出大块儿时间来归纳、整理所有碎片化时间获得的知识，建立知识体系。自从养成了这样的习惯后，朋友的进步称得上"肉眼可见"。

可见，如果能将这些点点滴滴的时间充分利用起来，你就能做成很多你想象不到的事情。当然，你得事先做好这样的准备，一有空闲时间就立马展开行动。比如，随身携带一本书，坐地铁的时候拿出来看，看完一本再换新的；在平板、电子书阅读器上装满电子书籍，或者讲座、TED（以传播"一切值得传播的创意"为主题的环球会议）等视频，或者英语及有声书籍等，确保电量充足，随时补充"营养"。

关注一些有意思的自媒体，排队、吃饭的时候可以多多阅读；或者下载一些帮助学习的APP，每天学习一点儿。如果不想用智能工具，你也可以打印或者手写一份笔记、资料，随身携带，没事儿就拿出来多加复习。

当然，如果你从事的是与文字有关的工作，完全可以利用空闲时间进行观察练习。比如说，坐地铁的时候，仔细观察周围人的面部表情、身姿、着装，这能为你带来很多灵感。

如果你从事的是销售这一行，不妨利用碎片化时间与客户增进感情。比如说，利用空闲时间编辑一条温馨的短信，发给客户，或者直接与他们通电话，交流感情。

很多自律达人不仅将碎片化时间用于学习，提升自己，有时候还会用它来做时间规划。为了保持良好的工作状态，他们一般不会停下手头的事去处理另一件必须要办却不那么紧急的事，而是会用手机或者便利贴不停地记下所有待办的事情。

等到工作间隙，或者睡前、通勤的时候，再拿出备忘录，根据"四象限时间规划法则"来分析哪些事比较重要又紧急，必须及时完成；哪些事不那么紧急，或者根本无关紧要，可以从清单里画掉；哪些事虽然不重要又不紧急，但是比较感兴趣，愿意去尝试。

如果更进一步，你会发现，利用碎片化时间来进行思考，也是一件很有益的事情。我与身边那些专业人士打交道的时候，发现他们哪怕是在休息，都会下意识地发散思维，而不是放空脑袋。看到一项新鲜的事物，他们马上就能联想到自己的工作。

　　比如说，上次陪一个朋友逛商场，她看到商场里正在举办一个亲子活动，当下的反应就是"这个活动的安全措施没有做到位"……

　　如果你也能利用碎片化时间进行深度思考，迟早会迎来这样的体验：对一个问题百思不得其解，突然就在闲逛的时候灵光一闪，所有的障碍一扫而空。相信我，这种感觉是很舒爽的。

　　很多人总将"没有时间"挂在嘴边，可是，时间管理的第一步是为自己找到更多的时间。将所有碎片化的时间拼起来，好好利用，你就不会感慨时间过得如此之快，而自己什么都没来得及做。

管理精力，
让你每天比别人多"活"1小时

　　上司安妮是个优雅又富有魅力的女人。她虽年近40岁，在人前却总是一副精神奕奕、活力四射的样子。每天早上，办公室里大部分同事猛灌咖啡提神，安妮却迈着铿锵有力的步伐，身体轻盈，自如穿梭在各个办公室之间，堪称一道靓丽十足的风景线。

　　部门会议上，她往往妙语连珠，总能一针见血地点出问题所在。而且每天她都能超高效地完成分内的工作。我们不由在背地里讨论："她哪儿来的那么多精力啊！"

　　直到读到吉姆·洛尔那本颠覆性的《精力管理》，才明白了安妮始终精力充沛的秘密。据我所知，安妮每天都会早起运动1小时。无须加班的日子，她一下班就赶去瑜伽馆，一直练到大汗淋漓。相比之下，我总是懒于运动，虽然没日没夜地加班，工作效率却一言难尽。

受此启发，那段时间我对"精力管理"这一概念特别着迷。手机里存有很多课程类的APP，主题都围绕着"如何管理时间""如何提高效率"，我渐渐明白，我们需要管理的不只是时间，还有精力。如果总是疲惫不堪，精力跟不上，拥有再多时间也是枉然。

吉姆·洛尔在《精力管理》一书中明确指出："一个人的精力由四个维度构成：体能、情感、思维、意志。全情投入的工作，需要身体活跃、情感联动、思维集中，并且达到超出个人短期利益的意志高度。"可见，想要提升精力，首先得保证拥有健康的体魄。

我看新闻的时候看到，日本一些神经科学家召集一群年轻人做了一项研究。他们让年轻人每周进行固定次数的慢跑，一直坚持了4个月。之后科学家们发现，这群年轻人的反应能力、记忆力都得到了大幅提升。而当停止锻炼后，他们的思维能力又恢复如初。

思维和身体是密不可分的。平日工作再怎么繁忙，也不是我们懈怠运动的借口。拿扎克伯格这样的商业大佬来说，他们每天必定忙得连轴转。尽管如此，他们也会挤出时间去运动。

除了要养成锻炼的习惯外，我们还要学会如何休息。身边很多朋友常常嚷嚷着"心累"，好不容易加完班后，哪怕身体上不是很疲累，也只想躺在沙发上玩手机，看些不费脑的电影。这其实就是精力被耗尽的感觉，你只想躺着，哪怕再简单的事也不想去做。

但精力是可以再生的，像手机没电后充个几小时电，便又"满血复活"。感到疲累的时候，你也需要给自己充充电，清空脑袋休息会儿，或者美美地睡一觉。

这里给大家提供一些小建议：

1. 养成午休的习惯，至少保证半小时。如果睡不着或缺乏午休条件，可闭目养神几分钟。

2. 连续工作一段时间后，换一些比较轻松的、没那么枯燥的小任务来攻克。千万不要埋头苦干，长时间处于紧绷状态，会对个人精力造成极大的损耗。

3. 精神疲累的时候不要仓促做出某项决定，等精力恢复后，再进行判断。

　　我还发现，人处于积极欢快的情绪中时，工作效率会倍增。还记得刚入职场的时候，我制作的演示文稿经常受到总监的赞扬。一次会议上，他点名让我给大家分享制作演示文稿的经验。望着同事们羡慕而又钦佩的眼神，还是"小白"的我内心激动得无以言表。

　　那段时间，由于总是受到夸赞，我工作起来总像打了"鸡血"一样劲头十足。纵然加班任务繁重，也不觉得辛苦，大量烦琐又艰巨的工作项目就是在这段时间完成的。

　　如果我们都能控制好自己的情绪，想办法保持轻松愉快的心情，工作起来也会事半功倍。

　　我在阅读有关精力管理的文章时发现，"仪式习惯"出现的频率很高。对此，我的理解是，精力其实像肌肉一样，是可以通过艰苦的训练逐步增强的；而依靠严格的自律建立积极的"仪式习惯"，规范自我行为，则可以节省很多精力。

　　比如说，女生通常在"要不要洗头"这个小问题上纠结很长时间。其实，不如一开始就养成在某个时间段洗头的习惯，时间到了就下意识去做。这样坚持一段时间后，你具有明确时间、地点、具体行为的仪式习惯就建立起来了。

　　养成一个习惯不需要特别的意志力，等到我们能够遵循惯性去做事时，就不存在精力跟不上的问题了。

　　当我们建立越来越多属于自己的仪式习惯后，比如说早起 1 小时背英语；睡前 3 小时远离智能工具，阅读纸质书籍；放弃交通工具，步行上班；周末爬山 3 小时……慢慢就会发现，原来我们也可以像那些自律达人一样将 1 天活成 48 小时。

提升你的"时间颗粒度"，
增强你对时间的掌控力

"7点半起床，3分钟洗漱，5分钟上妆，晚上10点到11点撰写日记……"这是一名女明星的作息时间表，她将每个时间段具体要做什么事情，包括多长时间完成等规划得十分清晰。

这份将时间切割得极细，精确到分钟的作息安排给我一种"颗粒度"很强的感觉，不由联想到之前看到的一篇专栏文章，文中提出了一个"时间颗粒度"的概念，即"一个人安排时间的基本单位"。仔细想想身边那些优秀的人，似乎都能牢牢把控自己的时间。很多计划、安排，他们在具体实施的过程中习惯了以分钟为单位，特别有节奏感。

　　看到网上流传的那份王健林的行程表后，我更是坚信，越是处于金字塔顶端的那些牛人，越能掌控时间。那份行程表是这样的：凌晨 4 点起床；4 点 15 分到 5 点健身；5 点到 5 点半吃早餐；5 点 45 分到 6 点半前往机场……细算下来，王健林的时间颗粒度大约是 15 分钟。

　　比尔·盖茨则更短，大约是 5 分钟。更夸张的是，每逢与人握手的场合，都需要按秒数去安排。并不是因为这些强者们的时间很宝贵，所以才需要切割得这么细；而是因为他们保持着精确到分钟、秒的时间颗粒度，他们的时间才会变得越来越值钱。

　　细想之下，不觉有点儿惭愧。我的时间颗粒度大概能以小时来计算。约朋友去吃饭，没有一两个小时散不了场；与同事漫无目的地闲聊，也能一来一回地聊上好半天；打开文档，敲下第一行文字前，至少得磨蹭半小时……

　　想要变得自律起来，我们首先要找到自己的"时间颗粒度"，反复进行切割、细化。当我们的工作清单中密密麻麻地排满了一项接一项的任务时，我们的工作效率也会相应地有所提高。

　　我有个朋友经常出差，一开始他会在脑海中设计好大致的行程安排。结果旅途中经常出现一些意外情况，弄得他措手不及。在接连丢失了几笔大单后，他痛定思痛，每逢出差都会花更多时间和心思做行程安排。后来他发现，安排得越细致，便越能节约时间。

比如说，他规定自己6点起床，7点准备到楼下打车。等车5分钟，如果其间还没坐上车，就另想办法，保证10分钟内解决这个问题，50分钟后准时到达机场。约定客户见面前，他强迫自己早到半小时，整理思路和资料。他不再迷信自己的大脑，而是将所有的行程安排记在电脑和手机的日历工具里，一些重要事项还采用了备忘录的定时功能。

我自己的体会是，在职场中积极提升自我时间颗粒度其实是在塑造自己守时、职业化的形象。现在有很多时间管理APP，电脑、手机上也附带着很多软件，能帮助我们做好规划和记录，测试工作效率。我们不妨提前一天将第二天的行程或工作罗列清楚，一项一项去完成。而在具体的工作过程中，最好以半小时为单位安排时间。

还记得那篇专栏文章中提到这样一句话："恪守时间的本质就是尊重和理解他人的时间颗粒度。"生活中，做到这点并不难。比如，坚决不允许自己迟到；最好调整或干脆改变与上司、同事、客户的通话方式，将模糊的时间变得具体，精细。

比如，相约时询问对方"明天下午 2 点去您的办公室可以吗"，若对方表示同意，就提前知会对方"明天下午您有别的安排吗？ 3 点我得赶回公司主持一个会议"。

还有一个小秘诀是，做任何事情，最好都提前 5 分钟做准备。千万别小看这 5 分钟，它能让一切都变得更加容易。若能做到提前 5 分钟到达地铁站，就有很大概率能找到一个舒服的空位；开会前若能提前 5 分钟梳理会议重点，这样轮到你发言的时候就至少能做到言之有物；约会时若能提前 5 分钟到场，便能空出时间去卫生间整理仪容，保持最佳状态。

所谓提升时间颗粒度，并不是忽视现实情况，随便拟出一份超人也难以完成的行程表。我们当下最该做的是仔细分析一下自己的工作范畴、性质和平时的工作效率，在这些信息的基础上做一个综合考量。总而言之，处于哪个位置，就做相应的事情。千万不可操之过急，一下子将时间分割得极细。在无法做到将时间颗粒度精细到分钟的时候，不如先努力提升自我价值。当你变得足够优秀时，你的时间颗粒度便会自然而然地得到提升。

PART 5

对欲望保持节制的人，
人生更辽阔

为什么不需要，
还是要"买买买"

　　去年"双十一"，闺蜜向我炫耀新入手的包，我说："如果我没记错，你今年至少买了 3 个包包吧？""是 5 个。"她发来一个哭笑不得的表情。我说："你是土豪。"她苦着脸叹息："我把信用卡的额度刷光了，下个月要吃土了……"

　　我们身边的购物狂们都有着很多相似点：荷包空空，积蓄为零；纵使欠下一屁股"卡债"，也控制不住购买的欲望；生活、工作、爱情屡屡陷入危机之中……

　　为什么会控制不住地"买买买"？一开始，我理所当然地认为，是因为如今的年轻人在购物欲面前不够自律，才屡屡败于冲动。后来，在看完BBC（英国广播公司）出品的系列纪录片《无节制消费的元凶》后才发现，这份冲动背后，其实蕴含着很多复杂的因素。

有一集，纪录片以雪佛兰的一款跑车为例，揭露了商家的歪招，即"以制造不满情绪来改变人们的消费心理"。商家每年都会将汽车的颜色和外观做个大变样，为的是让消费者根据车型和颜色来搭配服饰、鞋子及包包，以凸显时尚感。很多人受了诱惑，在旧车各方面性能良好的情况下，一窝蜂地去购买新车。

还有一集明确指出，无论是热播电视剧还是媒体，一旦广告植入变多、变明显，便会影响大众的消费倾向。前段时间《都挺好》热播时，很多公众号热衷的话题不是该剧反映了哪些现实意义，反而是剧中人物的穿着打扮。

那些转载率很高的文章内容其实都很"水"，要么罗列剧中出现的大牌服饰，要么分析这些奢侈品来自哪个品牌，结果却获得了大量粉丝的阅读和点赞，好多年轻人点评道："女主角的搭配也太美了吧，被种草了。""看中了二嫂的包，攒钱中！"……

生活中，这样的体验比比皆是。满屏幕的明星代言广告，橱窗里精致的名牌包包，朋友圈令人羡慕的"晒单"都在向我们发出诱惑："买吧，买吧，买了你就能快乐。"

还记得某天看电影的时候，被一句台词击中了心坎："人的一生，其实是和自己的欲望相处的过程。必须承认，我们每天都在面对内心的欲望。"购物欲是普通人最难以逃脱的樊笼，只因对普通人而言，享乐很容易，控制欲望却成了最艰难的事情。

因着享乐的本质，因着从众心理，原先建立在"需要"基础上的功能性消费再也满足不了大家的需求。有的人被信用卡分期债务及快时尚等过时即扔的消费观念压得喘不过气来，而生活并没有因为"买买买"变得更快乐、更容易，尽管很多人意识到了这一点，却做不到及时止损。

这其实是一个恶性循环。曾经，我也是一个轻度购物狂，每次被优惠活动诱惑后，看到那栏长长的"待发货"便懊悔不已。这几年为了治愈购物瘾，我尝试过各种各样的方法，如今总算小有心得，在此可以分享给大家：

1. 永远只买对的。以前每次逛超市，见商家正在举办促销活动，不由得两眼放光。这套日本餐具太美了，居然八折出售，赶紧放入购物车；这个吹风机连网上都卖 500 元，这儿居然只卖 380 元，不能错过；这些 T 恤太便宜了吧，一次拿 5 件更划得来⋯⋯

买回家才发现，家里崭新的餐具还有三四套；多余的吹风机都扔在柜角；每到夏天，我永远想不起来之前买的 T 恤。意识到这点后，之后每次购物前我都会先列好需要的东西，做好预算，坚决不买不需要的东西。遇到商场打折，我也会目不斜视地走过去。针对那些价钱不菲的大件商品，我一般不会立即下单，反而会多考虑几天，或者和家人商量后再做决定。

2.学会记账，同时建立"心理账户"。据我观察，很多年轻人其实对自己具体的收支情况并不太了解，他们尤其搞不明白自己的钱都花在了哪些地方。想要养成精打细算的习惯，就先要准备一个记账本，弄清自己的月收入与支出、年收入与支出，以及每一笔花销。

在此基础上建立一些"心理账户"。比如说，月收入的 10% 用来购物，20% 用来学习"充电"，30% 用来强制储蓄⋯⋯每当购物瘾发作时，记得及时翻出记账本，看看用来购物的账户余额还剩多少。如果余额不多，想想如何降低消费，是找性价比更高的替代品还是干脆放弃购物。

总而言之，"借买消愁"不单单会让我们的钱包"受到重创"，还可能会让生活滑入深渊。通过购物来获得快感，并不能因此缓解生活的压抑，满足虚荣心。但凡自律的人，都拥有理性而克制的消费观念，这让人敬佩不已。

不想离婚，又不想放弃情人，
终究要为自己的贪心买单

　　周围好友在谴责出轨"渣男"的时候，定会提起前两年火爆荧屏的《我的前半生》中的男主角陈俊生。朝夕相处中，他对家中的妻子越发厌倦，转而爱上了表面柔雅娴静的女同事凌玲。

　　当陈俊生出轨的事情暴露后，他曾经幸福坚固的家庭一夜间四分五裂，事业上亦风波不断。虽然后来"得偿所愿"与发妻离婚，迎娶了情人，然而这段新的婚姻也慢慢失去了当初的甜蜜，危机频发。反观前妻子君离婚后自强自立，无论事业、感情都蒸蒸日上。

　　追剧的时候，有个朋友曾替陈俊生辩解："罗子君不求上进，被抛弃也很正常。"这话无可厚非，但我不由想起于丹的一句话："自律是自尊的根本，自尊是自由的保障，这一切源于自省。"一个毫无自省观念且感情上无法做到自律的人，在恋爱及婚姻关系中像极了一颗定时炸弹，只要外界给的诱惑足够多，他们随时会"自爆"，让婚姻变成一片废墟。

曾经有一份问卷调查，其中一个问题是"在什么情况下，你发生了婚外情？"40.4%的人选择了这一选项："与异性朋友或同事日久生情，友谊变成了激情"；28.1%的网友说"婚姻生活太平淡，对伴侣越看越不顺眼，就想找点儿刺激"。其他选项无外乎"单纯想玩玩""想考验自己的意志力""酒喝多了"等。

问卷中另一个问题是："婚外情发生后，你的第一想法是什么？"很多网友的选择都是："我不想离婚，可也无法结束这段美好、值得回忆的感情。"

可每个人都该扪心自问，感情里若不能做到洁身自好，谈何真爱？何以保有爱的尊严？哪有底气享受爱的幸福？对于成熟的爱情来说，最重要的不是你侬我侬，而是彼此的担当与责任。只有懂得自我约束、自我反省，始终保持自律，感情才能持久。

《非诚勿扰》中有一位男嘉宾令人印象深刻。他是一位健身教练，五官端正，高大健硕，为人随和，也很健谈。明明男嘉宾条件很好，可到了灭灯环节，却只收到零零散散的几盏灯。很多女孩儿给出的理由是：男嘉宾从事的职业有太多机会接触异性。

尽管男嘉宾一再声明，自己并不是一个花心的人，也没能挽回败局。主持人孟非点评道："其实一个人花不花心与他的职业没有直接的关系，而是与他在感情上是否自律有关。"

婚外情一旦"反噬"，当事人难免深受其害。所谓"好事不出门，坏事传千里"，婚外情不仅会拆散我们的家庭，影响孩子的成长，还会对我们的事业造成负面影响。重重舆论压力下，又如何集中精力去工作？单位或许也会因为我们的个人作风问题，剥夺我们升职加薪的机会。这时，名誉受损、前途暗淡、妻离子散等严重后果只怕会逐一在现实生活中出现。

婚姻中的猜忌与疑虑都是客观存在的，好的爱人能用情感上的自律带给我们足够的安全感，抚平我们所有的恐惧和不安；糟糕的伴侣却让我们看不见未来的安定与希望，他的感情是摇摆不定的，连带着彼此之间的过往与未来也如空中楼阁般苍白无依。

我始终相信这世上有真爱存在，"执子之手，与子偕老"当然可以成为现实。不是所有的婚姻都会走向争吵、出轨、离婚，假如我们愿意花足够的精力去维系婚姻，想方设法为爱情保鲜，纵然二人世界的时光漫长琐碎，那份浓情蜜意也会陪你走遍千山万水。

总结身边朋友们的经验，发现幸福婚姻最大的秘诀莫过于保持进步，永远以最好的一面出现在伴侣面前。很多人结婚后，便收起了当初的那份小心翼翼，哪怕暴露出自己最不堪、最难看的样子也无所谓。要么蓬头垢面，不修边幅；要么故步自封，拒绝成长。可最好的爱情永远是势均力敌的，当我们与另一半的差距越拉越大时，感情就容易变得岌岌可危。

婚姻里还要加强沟通，不把所有的委屈、意见藏在肚子里。当然，说的时候要讲究技巧，采取诚恳、温和的语气，适当地撒撒娇、卖卖萌，而不要摆出气势汹汹的架势。

最重要的是，不给婚外情一丁点儿萌发的机会。尽量与异性朋友保持一定的距离，不要单独相处。和对方交流时不要让话题围绕着个人隐私打转，不可越界。

　　始终保持情感自律的人才能懂得爱的真谛。他们能克制住欲望，懂得拒绝，明白诺言的可贵、"违约"的可耻。而朝三暮四的人早晚有一天会为自己的贪心买单。

远离诱惑，
不要以身试法考验自己的定力

希腊神话中有一则著名的、有关海妖的传说。海妖塞壬的歌声里藏有致命的诱惑，当水手们沉浸在那歌声中无法自拔时，所乘的船就会慢慢偏离航线，最后撞上礁石船毁人亡。其实，人生在世，我们都是受着诱惑的"水手"。

因为占有欲强，因为有太多的欲望，我们总是沉迷于各种新鲜事物和诱惑无法自拔。可越长大便越明白，诱惑不过是海市蜃楼，稍微松懈一点儿，祸患便会乘虚而入。到那时，人生必然急转直下，我们终将会为过往的新鲜和刺激付出代价。

然而，其实很多人都是有意识地屈服于诱惑的。我在阅读一本心理学书籍的时候发现，心理学上有一个"道德许可"的概念。一旦我们从心理上获得一种"义正词严感"，自我感觉良好的我们就会一意孤行地迷信自己的判断，从而屈服于这个诱惑。

身边这样的案例有很多。比如，有一天我加班到凌晨3点，第二天实在是不想起床上班。我毫无内疚地告诉自己：昨天那么敬业，今天请一天假也没关系。

我们奋力地朝着目标前进，每迈进一小步，总想得到一些奖赏和补偿，那便是所谓的"道德上的优越感"。可当这种优越感凝聚起来，我们就会慢慢妥协于一时的冲动，不知不觉向外界的诱惑和内心的懒惰投降。一开始的目标也被渐渐淡忘，这是步入深渊的第一步。

这一类诱惑被称为"短期诱惑"。比如说，一个偷懒的念头，沉迷于网页新闻，工作上敷衍应对。李敖曾说："不吃苦，吃苦一辈子；会吃苦，吃苦半辈子。"

如果屈服于短期诱惑，你一定会毁掉属于自己的长期利益。千万不要试图安慰自己："玩一会儿没什么，偷会儿懒算不上不自律。"殊不知，断绝诱惑，应从小处着眼。

其实，想要克服那些小的诱惑没有那么难，难的是始终保持理智，当面对名利诱惑、情欲诱惑时，始终能做到岿然不动。

近几年来我们时常听说，一些人将所有身家押到股票或者互联网理财平台上，结果股票暴跌，或者互联网理财平台倒闭，多年辛苦一夜间化为乌有。

曾有个同事也差点儿中招。他无意中在网上看到一个互联网理财平台的广告，宣扬利润都在20%以上，而且随时可以提款。同事动了心，当晚翻来覆去睡不着觉。虽然诱惑巨大，但他还是不放心。恰好这家网贷平台正在举办一场展会，他特意赶去现场证实。

展会上，有关这家公司的各种荣誉证书琳琅满目。他头脑一热，差点儿决定现场开户。幸亏在开户之前他给好哥们儿打了个电话，对方苦口婆心、"连蒙带骗"地劝说他打消了这个念头。后来这个互联网理财平台一夜间倒闭，同事一阵后怕，庆幸还好自己没买。

人生在世，诱惑无处不在，若不能做到自律，只怕会堕入万劫不复的境地。这话一点儿都不夸张。诱惑就像潘多拉魔盒，一旦打开，后患无穷；可握在手中又心痒难耐，最聪明的做法是从一开始就躲得远远的，不对自己的定力盲目自信。

还记得那个希腊神话中，奥德修斯是唯一对海妖歌声的诱惑做出正确应对的人。他警告水手们千万不要被海妖的歌声所迷惑。当他们乘坐的大船靠近海妖居住的海岛时，奥德修斯吩咐水手们用石蜡塞住耳朵，同时将作为船长的自己绑在桅杆上。

海妖唱起歌来，水手们充耳不闻，奥德修斯却深受蛊惑，若不是被紧紧绑在桅杆上动弹不得，谁也不知道他会做出怎样危险的举动。最终，大家都脱离了险境。

作为普通人的我们，要想拒绝诱惑，首先要做到像奥德修斯那样对诱惑的危害有清晰的认识，并做好充足的准备。当诱惑不期而至时，一定要想尽一切方法远离诱惑源。你可以闭上眼睛，先冷静10分钟，扪心自问："还要去做吗？"这多少能让你避免做出冲动的决定。

远离表面的繁华，在身边的人做出一窝蜂举动的时候保持清醒的思考，也不失为一个好方法。

有个很睿智的前辈，炒股多年，每逢牛市，他却一反常态地谨慎了起来。哪怕身边的人暂时赚得盆满钵满，他也绝不羡慕，反而摆出清心寡欲的姿态。也许正得益于此，纵然股市沉沉浮浮，大起大落好几次，这位前辈却从没在股市中栽过跟头。

　　生活中，我还观察到，那些热爱阅读、旅行、冥想，对平凡生活始终保有热情的人，灵魂的坚韧度远远超过常人。哪怕诱惑纷至沓来，他们也能保持自律。

　　可见，为了增强内心的力量，我们也要发自内心地热爱生活，广泛涉猎，积累知识，并积极开阔眼界。平时尽量远离负能量的事物，多给自己灌输正确的价值观。

想减肥，
却管不住自己的嘴怎么办

　　网上有一个很"热"的问题："如何看待那些整天喊着要减肥，却管不住嘴也迈不开腿的人？"有个广受认同的答案直白又毒舌："这样的人注定一辈子都是一个胖子。"

　　几乎每个姑娘都曾在减肥这条路上一次次跌倒又爬起，每次嚷嚷着要减肥，最后却都变成空头支票，完全抵受不了美食的诱惑。

　　或许在宣誓减肥后的第二天就开始暴食，原因也五花八门：单位聚餐，不吃不够意思；生病了，需要美食安慰；朋友请吃自助餐，得帮忙吃回本……

　　还记得在某本书上看到这样一句话："一个人是否自律，

首先体现在他的外表上。"我深以为然，有时候甚至偏激地想，是否自律，不用看别的，就看你身上是否堆积着肥肉。

如果我们一次次立志减肥，却又一次次败给食欲，那么不用为过去的种种失败找借口，说白了我们就是个只会说不会做的空想派，注定要在减肥这条路上吃更多苦。

其实，对于人类来说，吃是一种天性，是我们很难克服的原罪。七宗罪中，暴食也在其内。很多人一见到火锅、蛋糕、奶茶等便迫不及待地对其"举手投降"。这本是人之常情，可人之所以为人，便在于能控制自己。那些站在金字塔顶端的人，极少被欲望主宰，他们选择将命运的缰绳牢牢握在自己手中。

朋友依蕊总是说，她是从减肥开始，深深感受到自律的好处的。依蕊刚怀上第二个宝宝的时候，一反常态地食欲大开。周围人都劝她尽量多吃，多吸收营养，她却不加理会。

面对突如其来的嘴馋，她这个十足的"吃货"竟频频在食欲奔腾的关键时刻管住嘴巴，摒弃欲念，真是让我刮目相看。

她根据产检医师的吩咐，为自己定了一份配比科学、营养丰富的食谱，但凡高热量、高脂肪的食物，一概被排除在外。哪怕坐月子的时候，她也不会放肆地大吃大喝，只按照营养餐的标准，做到量少而精。靠着这份自制力，产后 1 个多月，依蕊便恢复了原先苗条的身材。

人人都知道，减肥没那么难，无非是管住嘴，迈开腿，做个行动派。所谓的管住嘴，并不是让我们就此绝食，什么都不吃，或者从此远离美食。这其实是在告诉我们，要懂得控制欲望，在该拒绝的时候强硬拒绝，而不要在放纵之余还为自己找各种说辞。

真正的自律也不意味着你从此做个隔绝情感和欲望的机器人，而是要学会有的放矢，同时讲究技巧和方法。拿控制食欲这件事来说，如果你真是个彻头彻尾的吃货，有时候过度压抑自己反而会造成欲望的井喷式增长。美味当前，不妨学会转移注意力。

我在减肥的时候经常使用这一方法。以往只要工作压力大一点儿，我总会习惯性地通过暴饮暴食来舒缓压力。发现了这一点后，我开始将注意力转移到其他地方。比如说，给自己放个假，和朋友一起飞去海边畅游一番；抽出时间去爬山，直累到精疲力竭，再回去睡一觉。

因基本不吃零食，运动量又大大增加，我 1 个月内便瘦了很多，心情也变得很愉快。与我不同的是，身边一些同事、朋友要么在伤心难过的时候大吃大喝，要么在极度开心的时候完全不控制食欲。要想将这一方法发挥出最大的作用，你先得了解自己在什么情况下最容易被食物俘虏，再找到最适合你的转移注意力的方式和渠道。

为了管住嘴，我们还可以给现阶段的自己定一个小小的激励目标。我的瑜伽老师在坚持一份清淡饮食的时候，如果已经连续进行了两个礼拜，她就会小小地放纵一下，出去吃顿大餐，或者一个人独享一大块美味的蛋糕。靠着这个方法，她将那份食谱整整坚持了大半年。

为了激励自己，我们还可以给自己找一个瘦身的榜样。可以是电影明星，也可以是身边的减肥达人，时刻不忘暗示自己：既然她们可以做到，那我也可以做到，无非是少吃一口……

李开复曾说："千万不要放纵自己，给自己找借口，对自己严格一点儿，时间长了，自律便成为一种习惯、一种生活方式，你的人格和智慧也会因此变得更加完美。"如果我们能随时随地管住嘴，那么自律的美好人生便能从此刻开启。

为财务自由努力，
但不要为金钱所奴役

之前看过一本名为《会赚钱的妈妈》的书，书中写的是全职妈妈克丽丝特尔·潘恩的创业故事。潘恩生性乐观，热情积极，她盼着通过自己的兴趣爱好挣钱，并以此获得成功，最终的目的其实是享受生活。

这让我想起最近大家最热衷于讨论的话题——财务自由。什么是财务自由？简单来讲，就是我们无须为了温饱等基本生活需求过分努力工作，来回奔波，且工作以外的收入能够全面维持日常花销。能够实现财务自由，意味着我们可以自如地选择喜欢的行业，无须受到金钱的限制。这一时期的我们，工作仅仅是因为喜欢，而非其他。

网上曾有个热门话题："拥有多少财富才算是财务自由？"有人说，一线城市有车有房外，至少得赚够500万才算财务自由；有人说，拥有3000万才算财务自由……

五花八门的答案中，一个网友的回帖最得我心，他说："财务自由这个概念有个前提，就是人的欲求得有个上限。"无穷无尽的欲望带来的是被金钱束缚、无法解脱的黑暗生活。

职场上认识的一位前辈在一线城市拥有两套房产，一套自住，一套出租。他每月固定房租收入接近万元，本身拥有200万存款。在别人看来，他早已实现了财务自由。可每次聚会，他所谈的话题必然与钱相关，开口闭口都是钱难挣，日子难过，给人无比焦虑的感觉。

老家的一位亲戚却与他截然相反，这位亲戚生活在南方的四线城市，通过半生劳动积攒了60多万的存款。对于生活在一线城市的人来说，60万根本不算什么。但在亲戚看来，他的生活毫无负担。只因他的物质欲望很低，小城市的生活恰好满足他的需求。他干起活儿来精力充沛，为挣钱不遗余力，收工了就端着茶杯四处转悠，整日乐呵呵的。

财务自由重要吗？当然重要。如果你也体验过积蓄被慢慢掏空、捉襟见肘的生活，定会无比认同这样的观点：每一个年轻人都不能荒废青春，都应该为积累财富而努力。可若任由欲望过度膨胀，就算财富不断增加，我们也很难感受到财务自由的快乐。

真正自律的人能够管理好自己的欲望，而不会受金钱的压迫与奴役。财富对于他们而言是通往美好生活的阶梯，而不是唯一的目的。正因他们的心没有完全被金钱占有，哪怕有一天，他们的财富缩水，快乐的心境包括人格上的自信亦完全不会受到影响。

武志红曾在书中写了一篇《孩子在为谁而玩》的心理寓言。一群顽皮的小孩儿在一位老人家门前玩闹嬉戏。老人喜欢清静，无法忍受孩子们的吵闹。有一天，他走出家门给每个孩子 25 美分，说："你们让这儿变得这么热闹，我很感激，给你们这点儿钱表示谢意。"

每一个小孩儿都很开心。第二天孩子们又聚在老人家门前玩闹。老人再次走出家门，给每个孩子 15 美分。他解释说："我没有收入，今天只能少给一点儿。"

孩子们想 15 美分也不错，于是兴高采烈地走了。到了第三天，他们一如既往地聚集在老人家门前。这一次，老人只给了每个孩子 5 美分。谁知这些孩子勃然大怒道："辛苦玩儿一天才挣 5 美分，真是太过分了！"他们赌咒发誓道，再也不会为老人玩儿了。

被金钱奴役的心是不可能得到自由的。好比这群孩子，原本无拘无束的游戏与玩耍因为过剩的欲望变成了辛苦与负累。孩子天真烂漫的心灵和思维都受到了残忍的禁锢。

上大学的时候，某堂课中老师讲到"马斯洛需求层次理论"，它将人的需求分成生理需求、安全需求、社会需求、尊重需求和自我实现这五个部分。人们在满足了低层次的需求后，就会向着高层次的需求迈进。在这个过程中，有些人对财富越来越渴求，心态逐渐变得扭曲。

他们越是沉迷于财务自由，精神世界就越匮乏；而精神越匮乏，对财富的占有欲就越疯狂，好似陷入了一个恶性循环。

根据美国国家经济研究局的一项研究报告：近 20 年来，欧美巨额彩票中奖者 5 年之内有 75% 的人会破产，7 年内破产的人接近 92%。这些人群中，不乏大学教授、白领等高知人群，尽管如此，他们依旧无法驾驭一夜暴富的生活。

中奖者一开始都有着良好的规划。可当他们真的拥有了巨额财富后，欲望越来越膨胀，于是一掷千金，疯狂购买奢侈品，甚至渐渐走上酗酒、吸毒的不归路。

与之相反的是，越是自律的人越能赢取并守住财富。曾看过的一本经济学相关书籍中就提到这样的观点：不管政策、环境、教育等宏观因素影响，仅从个体上考量，贫穷的人在行为表现上来看，确实没有有钱人更自律。也就是说，越自律越容易变得富有。

我们要铭记这样的道理：再怎么热爱金钱，也要严于自律。不轻易放过赚钱、自我成长的机会，但同时对金钱保持一颗平常心，才是对待金钱应有的态度。被金钱诱惑而做出种种卑劣行为，任由欲望吞噬人性的光辉，我们只会在岁月中变得面目丑陋，失去做人的乐趣。还不如一开始就将自律二字铭刻在心，时刻约束自己的行为。

为了出名不惜付出沉重代价，
真的值得吗

　　前两年网上一些极限运动玩家们的"作死自拍"总能引起大批网友的点赞和热评。极限玩家们在世界各地到处找寻高山及建筑物，徒手攀爬至最高点，做些危险动作并拍照。我曾不止一次被那些照片吓出一身冷汗，一方面惊叹于那些"真玩家"们的冒险精神，另一方面又为那些"伪玩家"们一心只为博眼球的各种行为隐隐担忧。

　　果然，类似于"顶楼跑酷失足摔落""高楼玩自拍，一脚踏错生死两隔"的事件屡见不鲜。之前又看到一条报道，重庆一男子为了成名爬上火车拍视频，谁料被高压电烧伤。很多网友评论道："真是为了红，命都不要了啊。"名气，真的有这么大的魔力吗？

很多年轻人迷失在浮华幻影里，终日做着一夜成名的美梦。互联网似乎能让这种成名美梦越来越接近现实，可事实并非如此。更可怕的是，很多人将出名与成功画上等号，认为以何种方式出名不重要，过程也不重要，重要的是结果。

《中国青年报》曾发布一则调查，问题是："你心目中的网红是什么样的人？"调查结果如下："9.9% 的人认为所谓网红指的是那些梦想出名的年轻人；43.8% 的人认为网红是一群整容过、爱虚荣的骗子；40.5% 的人认为网红是卖假货，搞卑劣粉丝营销手段的淘宝卖家；仅 16.9% 的人认为网红是意见领袖、优秀者。"

当今的社会环境下，人们一提起"网红"，大多是负面印象。这与很多年轻人为了出名获利无所不用其极的态度息息相关。与身边的朋友谈起这则调查，他们一致认为，认真通过社交网络展示才艺、传输态度、传播知识的人获得名气很正常。可为了出名故意做出一些出格的事情或者违反公共秩序、规则乃至违犯法律的人，只会让人看不起。

何况，不择手段一夜成名所付出的代价任何人都承受不起。轻则给大众留下虚荣不靠谱的印象，失去身边人的信任；重则违犯法律入狱，甚至因意外失去宝贵的生命。

就算我们真的侥幸成名，接踵而至的风光与财富也极有可能是过眼浮云。可在众星捧月的假象环绕之下，我们只会变得越来越急功近利，浮躁自大，今后的路也将变得越来越难走。

俞敏洪在一篇文章中发表过类似的观点："当一个人没有真正的思想基础、才能和才华的时候，这样的出名是非常短暂的。仅仅演过几部电影就销声匿迹了。原因是他们除了外表以外，没有其他东西可以展示，等到容颜老去就没人欣赏了。"

想要获得名气并没有错，错的是为了出名不惜一切代价去吸引眼球。

我最喜欢的作家钱锺书始终对出名这件事保持着警惕。他虽然一生学术硕果累累，却从未接受过任何荣誉。小说《围城》发表后，在国内外都引起巨大的轰动。各界人士都想见见钱锺书，一睹文豪风采，谁料都吃了个闭门羹。一位外国女士专门给钱锺书打电话，提出见面的请求，虽然他再三婉拒，她亦锲而不舍，执意要与他见上一面。

钱锺书幽默道："如果你吃了个鸡蛋觉得味道不错，又何苦一定要认识那只下蛋的母鸡呢？"1991年，18家省级电视台计划联合拍摄一个重大选题：《中国当代名人录》。钱锺书被列入第一辑，钱锺书第一时间婉拒了邀请。友人告诉他电视台会给予重金酬谢，他却冷冷道："我都姓一辈子'钱'了，还会迷信这东西？"

唯名利是图的人生是肤浅苍白的，留不下任何一点儿有价值的痕迹。如果我们想要获得世人的认可和真正的成功，首先得明确自己的才华是什么，潜力在哪里。是写作天赋、唱歌跳舞等才艺，还是学术研究？然后耐心打磨自己的才华，静心等待属于自己的时机。

前两年民谣歌手赵雷因一首旋律温柔的《成都》迅速走进大众的视野。可只有他的歌迷才知道，他为了这一刻付出过多少努力与艰辛。多少表面上的一夜成名，背后都藏着"十年磨一剑"的坚毅决心。这是那些"网红"与他们所拥有的虚浮名气所无法比拟的。

其次，面对名利我们得始终保持警惕。试问，如果欲望太过沉重，生命要如何承受这重负？人生又如何真正快乐起来？虚名假利最不值得一提。

为了出名不惜累心累身，其实是本末倒置的傻事。名利当然能满足一时的虚荣心，亦能带来切切实实的物质利益，但为了争名夺利不择手段只会让我们赔上青春乃至付出生命的代价。

我们不妨放下欲望，将所有的才华和精力投入到真正值得追求的事业之中，这样才能重归心灵的快乐与宁静。终有一天，我们能获得令自己满意的成就。

PART **6**

不失控，
用内心的力量改变自己

别焦虑，
生活不是批量满足愿望的大工厂

　　之前有一段视频看哭了很多人。视频中，一个骑着自行车的年轻人因为逆向行驶被交警拦下，他忍不住为自己辩解了几句。这时电话铃声突然响起，他将手机放在耳边，向对方解释道，自己因为逆向行驶被拦了现在走不了。

　　让交警意想不到的是，年轻人挂完电话后，突然一下将手机摔在地上，随后崩溃大哭起来。交警连忙询问怎么了，他却跪在地上，带着哭腔主动提出要交罚款，只求快点儿走。说着，他突然跑向了旁边的一座桥。怕他有轻生的念头，交警们马上放下手头儿的事情，把他拉了下来，一边安慰一边劝说他冷静下来。

原来，他每天加班到十一二点，今天女朋友没带钥匙，又要他去送钥匙，但是偏偏逆行时被拦下，所以不禁大哭发泄出来。

看到这里，我如鲠在喉。视频中的年轻人因为工作压力太大，内心焦虑到了顶点，他一时抑制不住才爆发出来。现代人的焦虑仿佛传染病一般蔓延汹涌，愈演愈烈。在网上的搜索栏里打下"焦虑""压力大"这些内容，会弹出很多条内容相近的帖子，都在告诉你，"你不是一个人在焦虑"。

我们为什么焦虑？曾在某本书上看到一种观点："面临的不确定性越大，人们越会变得焦虑。当我们在情况未知、人和事物不确定时，往往会有失控的感觉，这便是不安全感的由来。"因为害怕犯错，害怕承担后果，往往纠结无比。

约翰·格林的著作《无比美妙的痛苦》中让我印象最深的，就是患有晚期甲状腺癌女主海蓁常说的那句话："世界不是批量满足愿望的大工厂。"

海蓁13岁便身患绝症，从那时起，鼻管、氧气瓶从未离身。她最热爱的一本书叫作《无比美妙的痛苦》，她相信自己的未来会像书的作者所传达的那样，毫无征兆地戛然而止，为此她忐忑而焦虑。后来，她偶然认识了骨癌患者奥古斯塔斯。

奥古斯塔斯像是突然闯进她生活的天使，两个年轻人之间产生了感伤而又甜蜜的爱情。海蓁沐浴在这温暖与爱之中，一颗心逐渐得到了宁静。原先，她最大的恐惧和焦虑是自己的死会如炮弹般炸毁父母和男友的生活。渐渐地，她放下了这个心结。

当这对年轻的情侣迎来最后的结局时，不仅爱情得以升华，更重要的是，海蓁彻底遗忘了那种焦虑的心情，对当下点点滴滴的绚丽美好和生命的勇敢无畏有了更深层次的体会。

比起那些只剩下"倒数"的癌症患者，我们明显幸福得多。但我们常常体会不到自己拥有的东西有多珍贵，总是为得不到的耿耿于怀，焦虑不已。

我们想要实现财务自由；想要变成人生赢家；想要过体面精彩的生活……可这些愿望注定无法在短时间内实现。或者说，从一开始就很难实现。

于是，我们一边沉陷在对未知未来的巨大恐惧中，一边背负着来自自己或他人的沉甸甸的期望，逼着自己负重前行。越是艰难，便越是焦虑；越是努力，便陷得越深。

我们都想成为更好的人，但何为"更好"？根本没有一个清晰的定义。为了过上更优越的生活，我们会强逼自己保持自律，恨不得一天 24 小时不间歇地学习、工作、赚钱。但每个人的承受能力都是有限的，一旦你到了"顶"不住的时候，难免会情绪崩溃。

虽然那些真正自律的人也会时不时陷入焦虑，但正因他们心态平和，重视策略，且决不短视，才往往能与焦虑和谐相处。

想要做到这一点，首先得审视我们的目标。或许我们现阶段渴望的一切是我们再怎么奋斗也无法得到的，荒诞的程度像一个人扯着自己的头发想要离开地球。不切实际的追求只是在为人生徒增烦恼而已，如果付出再多也无法实现，那还不如抛弃痴念。

而且，无论是在生活中还是职场中，最好把重点聚焦于自身，空出一段时间来回忆自己走过的路，而不要紧紧盯着别人的一举一动。制定目标时，贪快、贪多都是不理智的，一步一步来，哪怕小小的进步也能抵消一部分焦虑。

另外，我们还得接受一个现实，那就是人生存在很多无法弥补的遗憾，失败与打击都是正常的事。

我们更要学会自己清零，最好每晚入睡前都跟那些不愉快的事说再见，想象自己正将负面情绪扔进垃圾箱。第二天醒来，用坦然与豁达的心态面对新的一天。

　　当焦虑袭来，一定要学会自我调节与梳理。对普通的焦虑置之不理，就会变成严重的心理问题。要学会与之和平共处，同时不断成长。当我们变得强大，焦虑也就不是个大问题了。

别抱怨，
小心怨气把你烧焦

累了一天，搭乘地铁下班，恰好遇上晚高峰。身边人群麻木地移动，每个人脸上都带着倦意。拥挤中，一些小矛盾、小冲突接连上演，抱怨的声音也随之响起。

"公放音乐真没有教养，就不能戴上耳机吗？""挤什么挤啊，真讨厌！""凭什么让你，你不能往那边挪挪啊？"……车厢内气氛压抑，让人烦躁无比。

生活中，处处都能听到抱怨：有人抱怨自己总是吃亏，遇见的人无不粗俗自私；有的人抱怨生活艰难，生不逢时，怀才不遇。人生不如意事十之八九，他们却觉得貌似独有自己总是被亏待。

偶然在网上看到这样一句话："除了身体自律外，精神自律更为高级和难得，而不抱怨就是一种十分高级的精神自律。"我忍不住默默点了一个赞。很多人在伤人恶语出口前会选择闭口不言，却没有察觉到絮絮叨叨的抱怨也是一种令人厌烦的语言恶习。

这恶习的产生源头通常有三种。一种是只看到别人的缺点，却无法反思自己的行为。因为总将自己摆在"受害者""无辜者"的位置上，于是养成了凡事爱抱怨的习惯。

还有一种是逃避与自暴自弃的心理在作祟。为了加深自身的不幸感，不断夸大目前处境的恶劣程度，带给别人这样的感觉："我也很努力啊，可是困难太多了；我无时无刻不在争取，可谁让我运气不好呢；我就出生在这样的家庭，我能怎么办？"

一方面，他们渴望得到别人的同情与安慰，这样他们就可以心安理得地躲在困难的泥沼中表演挣扎，实际上早已丧失了行动力；另一方面，他们尝试改变无果后心理失衡，因心有不甘，于是推脱给环境和某些"阻碍"自己前进的人，仿佛这样就无责一身轻了。

其实，生活不易，遇到打击了发发牢骚，和知己好友倾诉烦恼是人之常情。但若逢人抱怨，喋喋不休，不只会让自己无法摆脱负面情绪的恶性循环，还会让周围的人不胜其扰。

习惯抱怨的人，仿佛在带着放大镜审视自身的不如意，负能量因此一点点聚集，直至摧毁他们的精神力量。这便是极为典型的精神不自律。

阿青是我很崇拜的一个朋友，她是个正能量满满的职场女精英，很少能听到她口吐怨言。我们曾聊过与负面情绪相关的话题，阿青坦言她也有过负能量爆棚，忍不住想出口抱怨的时候，但往往能及时克制住，然后寻找各种方法排遣情绪，或者用实际行动解决问题。

有次一个实习生因为粗心弄砸了一个项目，她忍不住抱怨了几句。谁知实习生内疚无比，当下决定要以辞职"谢罪"。阿青意识到这样的局面根本不是她想要的。她冷静了一会儿，然后心平气和地和实习生讲起了道理，然后她亲自领着实习生去找客户赔礼道歉，最终将这个项目争取了回来。就这样，损失得到了弥补，实习生经历此事也变得更加成熟稳重。

其实，抱怨并不能真正解决问题，反而携带着不小的破坏力。如果你也是个喜欢抱怨的人，一定要正视这一点。像阿青一样，一旦意识到自己正陷入抱怨这种负面情绪中，第一时间冷静下来。否则只会越抱怨越无法控制，场面也会变得越发难看。

平时，我们要多多关注他人身上的闪光点，多看到生活中美的地方。若只盯着那些黑暗面，只怕内心孤寂、愤懑的情绪会越发浓烈。哪怕不幸降临，或者事情变得糟糕，也尽量在看到的无数坏的结果中找到好的那一面、有意义的那一面，永远保持乐观、健康的心态。

爱抱怨这个陋习其实很难一下子完全"戒除"。我们可以循序渐进，慢慢来。我习惯将自己的心理状态用手机备忘录记下来，时刻反省。我还常常参加一些"不抱怨打卡社群"，不断激励自己。最近我发现，遇到问题时我已经很少去抱怨了，往往是话到嘴边又咽了下去。

很多时候，抱怨其实是一种示弱，想通过这种方式让别人关注。如果我们能将所有的时间和精力都用于个人提升，一步一个脚印，扎扎实实地去奋斗，哪还有时间去抱怨呢？

著名作家朗达·拜恩曾提出一个名为"吸引力法则"的理念。她说："你是快乐的，就会吸引来欢喜；你向外释放善意，他人也会回以微笑；而如果你抱怨，就只会吸引来源源不断的怨气。"简而言之，我们遇到的一切，都与自身的"吸引力"息息相关。

不抱怨，才称得上自律。如果甘愿让自己整天笼罩在怨气之中，觉得全世界最苦的是自己，最惨的也是自己，然后任由自己沉浸其中无法自拔，又怎会有更多的精力去抓住机遇、运气呢？我们应该做的，不是抱怨，而是感恩，永远让感恩比抱怨多一点儿。

愤怒，
本质上是对自己无能的痛苦

　　加班到晚上 8 点，我点了一份外卖。谁知足足等了 1 个多小时，外卖还没送过来。我打电话给外卖小哥，对方支支吾吾："快到了，你别急，再等一会儿。"

　　半小时后，外卖小哥打来电话："你到小区门口取一下你的外卖！"我说："能麻烦你送到楼底下吗？"对方的语气很不耐烦："我还有好几份要送呢，赶紧的吧！"挂掉电话，我还是没忍住骂出声来，那一刻心中充满了愤怒。尽管如此，到了楼下时这份怒气已消散得差不多了。

　　我始终铭记一句话："越能管理好情绪的人，越自律。"任由负面情绪占据上风，对于我们自己并不是一件好事。拿愤怒来说，容易动怒的人一天之中得有好几十次会将"气死我了"挂在嘴边，他们动不动就会被身边的事情扰乱心情，一生气便什么事也做不了。

怒气从何而来？我的心理医生朋友这样解释道："日常生活中，人们潜意识里会对一切行为的结果进行一定程度的预测。如果真实情况超出自己的预测，或者局面失去控制，人们就会感到'恐慌''不安'。而这种情绪的防卫反应往往会以'发怒'的形式体现出来。"

他推荐我看一本书，瑞士心理学家维雷娜·卡斯特的《怒气与攻击》。书中说："动不动就暴跳如雷的人，很多时候是因为他心中携带怒的种子，而不是周围的人在招惹他。正因为如此，他们的自尊心会变得越来越强烈，一旦个人价值受到伤害，就会不由自主地愤怒。"

然而生活中，那些脾气暴躁，爱发怒的人人际关系大多不太好。很多人更因此失去了幸福的家庭，丢掉了前途。更可怕的是，盛怒之下，往往会产生很多暴力行为。

能成大事者是不会被愤怒左右的。杜月笙曾说过："头等人，有本事没脾气；二等人，有本事有脾气；末等人，没本事大脾气。"一言不合，立马怒不可遏，本质上是对自己无能的痛苦。成年人最大的修养是就事论事，而不是不顾一切发脾气。

在朋友的引导下，我经常反思自己的愤怒，慢慢发现，某些环境、行为或事件特别能引起我的怒气。有一次因为工作上的事情勃然大怒后，场面一度变得很糟糕。后悔之余，我问自己："就不能换种方式处理吗？如果下次再遇到这种情况该怎么办？"

为了约束自己的言行，我经常提醒自己："任由怒火蔓延，只会伤人伤己。"我甚至换了一张不要动怒的手机壁纸，还嘱咐要好的同事随时提醒我，一旦看到我有发火的迹象，先想法子让我冷静下来。后来甚至形成了条件反射，怒气一生反而会冷静下来。

自从知道情绪是可以传染的之后，我就很少点开那些社区论坛上戾气满满的帖子，生活中尽量和性格温和宁静的人在一起，远离那些"暴怒"人群。曾有个领导是个大嗓门，动不动就发怒、骂人以彰显权威，我总是避免和他产生正面冲突，私下里也很少交流。要知道，更换外部环境，远离"愤怒源"是可以有效抑制负面情绪的。

有时候想发火，我就会装作信号不好的样子挂掉电话，或者退出微信，冷静十几秒，看看窗外或者天空。思考究竟是什么让自己这么生气，别人是否真的需要为此担责。再拨通电话，重新组织语言，将真正想说的话用一种包容善意的口吻说出来。这样做，效果往往很好。

原先我一直以为，愤怒这一情绪有百害而无一益，直到看到《愤怒是生命给你最好的礼物》一书，固有的想法慢慢动摇。书中记载了圣雄甘地的一句话："愤怒之于我们正如汽油之于汽车，给我们动力，推我们前行。愤怒能激励我们主动出击，做出改变，寻求正义。"

没有人生来完美，可人生就是在克服诸多不完美之中逐渐接近完美的。包括愤怒在内的这些负面情绪其实都是磨炼理性、自律等品质的"良药"。它们让我们看到了自身的不足，为我们指明了前进的方向。只有成功攀越一座座情绪大山，我们才能实现蜕变与成长。

这不是叫我们单纯去"忍"，不管遇到怎样的委屈与不甘都保持沉默，或者用"唯唯诺诺""和稀泥"解决一切。事实上，压抑过多，反而会让愤怒的情绪升级。

我们要做的，是学会在暴怒情境中将自己抽离出来，分析"敌我双方"的处境，理清冲突的导火索，找到化解冲突的途径，如此才能化愤怒为力量，才有机会享受冷静克制带来的甘美滋味。

在人生的关键时刻千万不要让怒火蒙蔽理智，左右情感，否则我们将为此付出沉重的代价。不妨让生活中少一些怒火，多一些平和。我们甚至可以善用愤怒带来的正面能量，将其变成灵魂的火炬，激励我们向着正确的方向前行，最终发现一个更美好的世界。

攀比正在毁掉你的初心，
让你越活越累

电影《你好布拉德》很打动人心。主人公布拉德现年47岁，是一位油腻大叔。身为中产阶级，事业还算顺利的布拉德俨然是旁人眼里的人生赢家，更何况，他还有一位贤惠美丽的妻子，一个活泼优秀的儿子。可这一切都不能让布拉德真正开心起来。

他一想到身边那些功成名就的朋友，就觉得自己过得很失败。他不如好友尼克有名望有声势，也不如大学同学杰森富得流油。每当想到这些，布拉德便会被一股强烈的挫败感击垮。甚至后来儿子考上哈佛大学，他心里都莫名其妙地嫉妒起亲生儿子来……

很多人就像布拉德一样被攀比困住前行的脚步，最终作茧自缚，迷失初心与方向，活得越来越累。有一句话很打动我："生活得累，一小半源于生存，一小半源于攀比。"过度虚荣，会让我们饱尝嫉妒的苦涩滋味，精神越发紧张，最后不堪重负。

实际上，谁都有攀比心理。有个学生物的朋友曾跟我科普：在人类漫长的演化进程中，我们必须在恶劣的环境中生存下来，抵抗激烈的竞争繁衍自己的后代。攀比心理可以说是这种生存方式带来的某种"后遗症"，已经被刻在了人类基因里。

在社交媒体上，似乎每一个人都过着幸福的生活。看着别人精彩无比的朋友圈新动态，我们很难不产生攀比之心。但是自律的人总能将这种心理控制在一个可以接受的范围内，不自律的人却完全被虚荣给吞没了，成为物欲的奴隶。

我曾在朋友聚会中认识了一个女孩儿，她给人的第一印象是出手阔绰，满身名牌。熟悉了才知道，上班多年来她没余下1分钱存款，还倒欠10多万"卡债"。女孩儿为了买一个名牌包，不惜省吃俭用，工资一发下来便直奔专柜。与此同时，她又时刻担心自己还不上"卡债"要坐牢。

我曾问她为什么对名牌如此热衷。她苦涩地笑笑，吐露心声道，办公室里三个同龄女孩儿中，一个出身富裕，一个嫁了个有钱的老公。她们吃的用的无一不是大牌，还时常在她面前炫耀。她为了跟上她们的脚步，才弄得入不敷出，身心疲倦。

生活中，最常见到的是因为妒忌和面子去攀比。犹记得以前过年，亲戚们聚在一起其乐融融，谈天说地，哪怕有再多的烦恼，也在这种年味儿里消融殆尽。

可在如今的大环境下，亲戚们过年的相聚仿佛变成了一场"攀比大会"。谁家换了新车、新房；谁的儿子、女儿找了一份体面的工作，嫁了一个富二代……以往的欢乐时光一去不复返。大家为了面子，哪怕借钱也要买车、买房、买名牌，外表有多光鲜，背后就有多辛酸。

这种攀比除了会毁掉人情，更会葬送未来的幸福。况且，过度沉迷于攀比，折射出的是一种自卑心理。要么越比越失去自信；要么盲目自大，在各种对比中变得肤浅无知。

有的人也许会因此而产生情绪障碍，终日怨天尤人，对"上天的不公平"牢骚满腹，抑郁不已；有的人因为盲目攀比陷入了白日梦中，终日不求上进，乃至将所有的潜能浪费殆尽，落得个一事无成的结局；更有甚者，因为想像别人一样享受奢华而误入歧途……

想要克服攀比之心，首先要找到我们攀比的"关键源"，然后将之导向积极正面的方向。有的人想要一栋房子，有的人渴望得到领导的赏识，有的人希望变得又美又有气质。触动每个人敏感神经的那个关键源并不相同。锁定它，就像你锁定一个明确的目标一样。下一步便是制订符合实际的、比较完善的计划，由易入难，一步步实现它。

要么干脆屏蔽掉"关键源"，关掉朋友圈，少参加点儿聚会。不去看别人走了有多远，低下头来默默关注自己脚下的每一步。不要和别人比，只和自己比。多问问自己："最近在哪些方面进步很大？还有哪些不足之处？"客观审视自己，将时间和精力拿来和自己较劲。

每个人都有自己独特的生命内涵与底色，若能多多关注并发挥出自己的优势，而不是他人的优势，我们迟早也能活成自己想要的模样。

因痛苦失去理智的你，
要多可怕有多可怕

之前看了电影《空难余波》，得知背后的故事后，我的心情久久难以平静。2002 年 7 月的某一天，瑞士和德国边境上空两架飞机相撞，这个消息震惊了世界。

而《空难余波》正是基于这场空难中发生的真实事件改编的。阿诺·施瓦辛格扮演的罗曼是建筑工地的工头，他的妻子、儿女皆因这场灾难永远离开了他，这让罗曼悲痛欲绝。

罗曼沉浸在痛苦中无法自拔，他放弃了正常的工作、生活，只想找到这场灾难的"始作俑者"。1 年后，他通过记者找到当年机场操作塔的工作人员。失去理智的他不顾对方的哀求，将手中的刀狠狠地刺向了对方的胸膛。他因此锒铛入狱，整个后半生都毁了。

有人因为失恋彻底失去理智，干脆毁掉曾经的爱人；有人因为考研失败生起迁怒之心，于是持凶器伤害无辜的人；有人因为在工作中受了委屈，便与上司或同事大打出手，伺机报复……这些案例无不是沉浸于痛苦无法自拔而丧失理智的严重后果。

看完《空难余波》，我不由心生寒意，另一部电影《请叫我第一名》却让我感到被治愈的温暖。布莱德是妥瑞氏症患者，他因此经常无法控制地发出奇怪的声音，或者将脖子扭来扭去。布莱德的前半生充满了痛苦，嘲讽、打击时时围绕着他，连父亲都对他失望透顶。

幸运的是，母亲的鼓励让他找回了自信。因为他的病，考试时他的写字速度总比别人慢两三倍。但每一次他的成绩都名列前茅。就这样，他一路努力考进名校，并以优秀学生的身份毕了业。找工作的时候，布莱德面临了一场场"暴风骤雨"。面对他人的误解、不屑，每一次他都能控制好情绪，冷静地、微笑地告诉对方，自己是一名妥瑞氏症患者……

当我们深陷负面情绪的旋涡中时，越是挣扎越会身不由己地往下沉。理智的做法是深呼吸，平稳情绪，再根据"场上"的情况冷静分析，做出最正确的决定。可现实中，很多人往往会从一个极端逃往另一个极端，即拼命地压制情绪，逃避痛苦。

我曾经历过一段刻骨铭心的恋情，最终平静地接受了分手的结局。分手后，生活似乎波澜不惊。大家都说我很冷静很理智，但只有我自己知道，自从失恋后，每逢独处时我便头疼欲裂。过了一段时间，我又开始胃痛起来，且无来由地烦躁失眠。

很久之后我才明白，既然当初爱得那样投入，分手时又怎能做到如此理智与冷静？那些"无所谓"和"想得开"不过是拼命压抑情绪的结果。表面上，我一切如常，可正因为那些伤心与难过没有得到正常的宣泄，才会无端地头疼、胃疼、失眠。

研究弗洛伊德著作的时候，发现他将这份逃避归结为某种心理防御机制。事实上，如果心理防御机制过当，只会牵引出更多的心理问题，最后甚至会造成精神分裂。

当情绪得不到抒发，同时又强制自己遗忘那些令我们痛苦的事件时，表面上看似风平浪静，可痛苦的种子早已在潜意识里生根发芽，逐步吞噬我们的理智。好比酗酒的成年人，他们的父母通常也有这样的恶习。为了遗忘童年时遭受的痛苦，他们学会了同样的方法。

所以，当我们感到痛苦时，第一件事就是宣泄。难过了就放声大哭，不要怕被人嘲笑；若内心郁愤难平，不妨大喊大叫，而不要装得若无其事；如果心有不甘，更要大胆表达出诉求。

一定要直面痛苦，与痛苦达成和解。拿布莱德来说，他半辈子都在与妥瑞氏症做斗争，最后却能与他人侃侃而谈，解释这种病症的来源、症状，不卑不亢地描述它给自己的人生带来怎样的影响。他让我明白，阴影与光明如影随形，都是人生的财富。

如果身边熟悉的事物经常"撩拨"你的理智，如果一座城市的记忆让你倍感煎熬，那么不妨去另一座城市重新开始。转换环境，也许是给自己一个重生的机会。

也许你曾经历负重爬坡的日子，也曾遭遇来自命运的无情打击，但请坚信，凡是杀不死你的都会使你更加强大。

生气，
只是拿别人的错误惩罚自己

2019 年春晚的舞台上，小品《站台》中那对"气性很大"的年轻夫妻给我留下很深刻的印象。妻子指着丈夫，气得声音都在颤抖："你给我拍的照片修都不修一下，就发到朋友圈了，你根本就不爱我！"丈夫则对自己每年去妻子家过年都要被灌酒的经历愤愤不平。

两人说着说着，竟当场赌咒发誓要离婚。我乐得哈哈大笑，母亲皱着眉头说："现在的年轻人啊，动不动就为一点点小事气到这个地步，不值得！"

生气分两种，要么跟自己怄气，要么跟别人怄气。有时候，自己行为的最终结果没有达到预设的目标，便暗暗地生闷气，乃至迁怒他人，看什么都不顺眼。有时候，别人的言行无法顺应自己心意，失望之余便心生怨恨，整个人仿佛钻进了情绪的牛角尖。

尤其是在因为一点儿小事就向身边最亲近的人发火的时刻，火气来得容易散得也快，事后瞧见对方伤心难过的表情，心里总会涌起一股愧疚感。可等到下一次脾气上来的时候，又不管不顾地出口伤人。正是因为亲近，我们才肆无忌惮地向他们发泄着负面情绪。

心理学上说那些动辄生气的人性格中其实存在很多缺陷，他们内心悲观、敏感，自我防卫意识极其强烈。日常生活中，一旦产生"被疏忽""面子受损"之类的感觉，他们就会自动寻找补偿效应，表现形式往往为无缘无故地生闷气。

动不动就发脾气，其实也代表着我们无法适当地调整心态，是一个不成熟的人。可是，当生闷气、发脾气成为习惯后，我们的语言功能难免会"退化"。如果我们不能放宽心态，学会使用更积极、正向的情绪表达方式，只怕会变得越加偏激狭隘。

杨绛先生在《回忆我的母亲》中这么写道："我妈妈忠厚

老实，绝不敏捷。如果受了欺侮，她往往并不感觉，事后才明白，'哦，她（或他）在笑我'，或'哦，他（或她）在骂我'。但是她从不计较，不久都忘了。她心胸宽大，不念旧恶，所以能和任何人都和好相处，一辈子没一个冤家。"

有了母亲的言传身教，杨绛也活得如空谷幽兰一般，但凡出现在世人面前都是一副知足、开明的样子。她与钱锺书伉俪情深，读书写作，翻译治学，沉浸在知识的盛宴里如痴如醉，却对凡尘俗事一笑置之。哪怕后来乱世飘摇，他们亦安之若素，从不怨责他人也不为难自己。

杨绛先生曾翻译兰德的诗："我和谁都不争，和谁争我都不屑；我爱大自然，其次就是艺术；我双手烤着生命之火取暖；火萎了，我也准备走了。"

一个成熟的、心中满是光明与大爱的人，哪怕在面对命运的大风大浪时亦能坦然面对，宠辱不惊。我实在想象不到这样的人会因为生活中的一点儿不顺心乱生闷气的样子。

曾在朋友圈看到一句话："一个情绪上不自律的人，注定痛苦一生。"如果我们对生活中的小磨难、小委屈没有足够的承受能力，就更没有底气和勇气去接受命运更残酷的洗礼。年轻时，尚有人包容。等年岁渐长，只怕会被生活的风浪一次次卷起又抛下。

　　动不动就生气的人，总想在琐碎的生活中一争长短与高低。其实生活中大部分事是分不出对错的。比如说，你因为男朋友情人节没给你买花而生气，而在男朋友看来，节日当天买玫瑰花又贵又不实用，还不如将钱省下来带你吃大餐。站在他的角度来看也不错啊。

　　不拿对与错去衡量生活中那些微不足道的小事，很多原本一触即发的矛盾就会瞬间消失得无影无踪。既然如此，为什么不大度一点儿，干脆放下对与错的观念，成全双方的幸福与快乐呢？

　　我们还要将大部分时间和精力放在更值得关注的事情上。一直以来都很赞同这样的观点：如果我们总是与他人争执不休，浪费的无疑是自己的资源。

　　比如，公交上有人踩了你一脚却不道歉；去咖啡馆点杯咖啡服务员口气很冲……不要纠结于这样的小事。我们的目标是"星辰与大海"，怎么能将宝贵的时间、精力浪费在无谓的事情上？

　　面对真正关心爱护我们的人，更不能随意发脾气。每当不耐烦想要出口伤人之际，我们无论如何也要忍住，一边在心里默念十个数，一边回顾亲人给予我们的温暖与美好。

　　一个心境平和、心胸豁达、温柔好脾气的人，这辈子运气都不可能太差。人生苦短，试想，动不动就生气会浪费掉多少宝贵的时间与精力？想要收获一个丰盛美满的人生，前提是时刻保持好心情。

为了根本不会发生的事饱受煎熬，这是多么悲惨的事

有个朋友曾对我说，她总是担忧各种没发生的事情，出游的时候担忧遇到坏天气，父母就要老了担忧自己不能让他们安享晚年，自己太胖担忧找不到男朋友，房价太贵担忧未来买不起房，辞职了担忧找不到更好的工作……这些担忧就像无数只"小蚂蚁"，抓挠得她心烦意乱，饱受煎熬。

《你所烦恼的事，九成都不会发生》中描述了一个小实验，20个年轻人听从吩咐，将自己目前最担心、未来一周内最可能发生的糟糕的事情都写下来。很多人将一张白纸写得密密麻麻。

一周后，他们展开纸条，所有人都惊讶地发现，90%以

上的担忧都没有在这一周内发生。可见，人生的很多担忧都只存在于我们的想象中。

其实，成长过程中我们遇到的事情分两种，一种可以控制，一种无法控制。大部分人的烦恼，都在于妄图控制超出我们能力范围外、无法控制的事情，却不对能自如控制的那部分行使控制权。为还未发生、根本无法控制的事担忧，还不如做好眼前的事。

美国基督教神学家尼布尔在《宁静祷文》中这样写道：

神啊，

请赐予我宁静，好让我能接受，我无法改变的事情；

请赐予我勇气，好让我能改变，我可以改变的事情；

请赐予我睿智，好让我能区别，以上这两者的不同。

中国科学技术大学前校长朱清时也曾有过类似的言论："有勇气去改变那些可以改变的事；有度量去容忍那些不能改变的事；有智慧区别以上两类事。"

什么是我们能够控制的部分？我们可以自由决定早上是否早起；我们可以控制自己执行一份健康食谱；控制自己临

睡前阅读 10 分钟。就算不能控制自己每天都能保持自律，最起码我们可以控制一天保持自律。

在执行的过程中，我发现了之前忽略的一点：就算我无法控制那些注定会发生在自己身上的事情，至少我可以控制自己怎么想。于是，就算发生了不好的事情，我也会极力安慰自己，多分析这件事给自己带来的积极影响，而不会一味沉浸在对未知的恐惧里。小时候读《小公务员之死》这篇课文，只会惊讶于主人公的胆小与愚蠢。长大后再看，却看出了认知理论的一个观点：很多时候对我们造成影响的，不是事件本身，而是我们自身对事情的解释及联想。小公务员是被自己那一连串恐惧的想象所压垮的，如果我们也如他一样，一再预支未来的烦恼，或任由心里的那只"小蚂蚁"横行霸道，迟早也会逼死自己。

一旦意识到自己正在为还未发生的事情饱受煎熬，一定要尝试将自己拉回现实。我们可以找出一张白纸，写下所有的担忧与恐惧。写完后，如果大脑一片空白，那就如实描述自己的状态，比如"不知道该写什么了"。过一会儿，脑海里想起什么，再如实地写下，比如"突然想起昨晚看完的那本书"。写着写着，你会发现，情绪渐渐平静下来了。

对未知的明天恐慌得无法自抑的时候，不妨看一些"鸡汤"，帮助"按摩"自己疲倦的灵魂。比如说，沉浸在热血剧中，随着剧中人物的悲喜大哭大笑；阅读一些抚慰心灵的书籍，让空虚的心得到安慰。这些所谓的"鸡汤"也许无法提供有效的方法，也无法真正地解决问题，却能帮助我们缓解当下忧愁恐慌的心情。

为那些根本不会发生的事情坐立难安，以至于错过眼前的美好与春光是多么不值的一件事啊。我始终记得一句话："怀着忧愁上床，就是背负着包袱睡觉。"这样的人生太悲惨了。

我们害怕发生的事情，无非有两种可能。第一种，纯粹出于你的臆想，根本没有担心的必要。可是由于你过分担心，反而让事情走向不好的结局。

第二种，必然到来。如果一件糟糕的事注定要发生，那么再怎么担心也无济于事。不如暂时将它抛到脑后，专注于当下的美好与幸福，保持愉悦的心情。

退一万步来说，若它如你的想象一般如期而至，那么也不用过分担心。因为所有的灾难都有限期，它也一定会如期离去。

不妨放下担忧，来一张笑容灿烂的自拍，或者望向窗外自由游荡的白云，等心绪慢慢宁静下来，你会发现生活中处处充满美景。做到云淡风轻，方能迎来海阔天空。

别让"任性"，
拖累你的前程

有人说："人不要太任性，因为你是活给未来的你。不要让未来的你讨厌现在的你。"判断一个人成熟与否，就看他是否懂得控制情绪，是否感情用事。当周围的人都偏离理性，做了情理上不该做的事时，他却懂得自制而不为；当旁人负面情绪泛滥，不及时去做情理上该做的事时，他却能冷静处理，有条不紊地应对。

在今天的社会中，提起"任性"一词，大多数人却抱着追捧褒扬的态度。公众媒体对于"任性'小公举'""有钱任性"等流行词的热捧，让任性仿佛变成了真性情的代名词。

很多年轻人沉湎于这场"任性亚文化"的狂欢中，将感情用事当成理所当然的个性表达，将缺乏修养的言行举止视为坦率自然的真情流露，路因此越走越偏，最后更是自毁前程。

比如说，有些年轻人在公众场合挑起激烈的争斗，不仅给治安造成麻烦，更给前途留下了阴影；有的人因为过往的仇怨，竟无视法律、法规的尊严，最终赔上了宝贵的年华……

而太过任性，在职场中最常见的表现莫过于眼高手低，一言不合就辞职。有个朋友是一家上市公司的资深 HR，一次聚会中他感叹地说："如今的'95 后'求职、辞职都太任性了。"

比如说，被上司批评了几句，一言不合就摔门而去，辞职申请还未通过，工作还未交接，接替的人员还未到岗，说不来就不来了，令人头疼；有的年轻人动不动就玩失踪，一声招呼都不打，电话也不接，大家还以为出了什么意外。招聘阶段出现的"幺蛾子"更多，比如明明谈好了入职时间，最后人不来了也不通知一声；还有办好入职手续说失联就失联的……

朋友的吐槽我深有感慨，见过太多的年轻人拿任性当挡箭牌，白白浪费了机遇，蹉跎了青春。其实，职场没有我们想象中的大，待久了就会发现兜兜转转到处都会遇到熟人。如果我们因为任性导致自己在职场上名声败坏，只会毁掉今后的职业发展。

有篇文章说，人的心理功能可以随着人生境遇的改变而改变，且划分为多种不同人格。有两种人格互相映衬，特别突出：自律型人格和随意型人格。区别在于：前者睿智而理性，从不受困于自己的情绪；后者却骄纵任性，任由感情支配自己的行为。

《都挺好》中的二哥苏明成便是典型的"随意型人格"。这部剧热播的时候，苏明成时不时被挂在热搜榜上，还牵扯出一堆有关"妈宝男"的话题。我也和大多网友们一样，总是吐槽："这个人真是毫不讲理，任性又懒惰，一点儿都没当哥哥的样子……"

苏明成人到中年，骨子里却仍旧任性得像个小孩儿一样。妻子朱丽工作的会计师事务所去苏明玉公司查账，为了维护公司利益，苏明玉点出朱丽身为她的亲属却未避嫌的事实，导致朱丽差点儿失去工作；苏明成为了替妻子"报仇"，将妹妹明玉暴打成重伤住院。

事后纵然苏明玉放过了苏明成，使其避免了一场牢狱之灾，苏明成却不懂得反省，反而钻进了情绪的死胡同。他嫉妒苏明玉有钱，便也想通过投资迅速赚钱，于是冲动地卖掉车子，筹措资金。没想到投资受骗，他在与朱丽争执不休之下，狠狠地扇了她一巴掌。最后朱丽毅然跟苏明成离婚，一无所有的他又被公司扫地出门，一夜间前途尽毁。

失控的人生是可怕的。心中若无自律的意识，做任何事情都依赖于主观思考和判断，习惯以个人的喜好和感情来行事，而不去考虑其后果，所以才会频频陷入困局之中。

可一个高度自律的人能清晰地认识到任性的危害，他们懂得运用理智来规避很多不必要的麻烦。他们更知道，再骄傲再任性，也要有足够的才华支撑。没有独当一面的本事，却任由情绪膨胀，迟早会被无情的现实打回原形。

在拿回情绪的主动权前，我也曾是个感情用事的人。看了多本心理学书籍后发现，想要突破负面情绪的控制，就必须对自己的情绪有深刻的认识，并果断拉开情绪与自身的分界线。只因太过饱满强烈的负面情绪，足以吞没我们的理智和思维。

其次，在情绪发生的当下，努力去感受它。当克制不住的时候，尽量调整呼吸，聆听来自内心的声音："是发脾气一时痛快重要，还是前途尽毁痛苦一世重要？你一定不希望事情变得越来越糟糕吧？"让这种情绪冷静下来，才有时间去唤回我们的理智和意志力。

　　每当情感冲动难以自抑的时候，耳边总会响起这样一句话："已经是成年人了，不要活得太任性。"而越成长越明白，自律，是绵延一生的自修课。靠着这份自律，我们便能将自身性格中的"倒刺"一一拔除，变得越来越理智优秀，人生的路也将越走越平坦。

PART 7

不拖延，
真正决定你人生高度的是行动力

一切落实不到行动的"打鸡血"，都是耍流氓

同事曾向我推荐一本书，石田淳的《从行动开始》。石田淳有"日本研究行为科学管理第一人"的美称，他所主张的"行为科学管理"传达了一个核心观点：排除一切抽象概念及无法预测的因素，将唯一的判断标准定为"行动"。

很多人认为，是否自律要看他的想法够不够美好坚定。按照石田淳的理论，这种说法未必正确。其实，一切结果都离不开行动。脱离行动去谈想法，无疑是天方夜谭。

当我们脑子里冒出一个新想法时，往往会变得十分兴奋，仿佛打了鸡血一样。听到别人说"不读书的人，没有资格谈论人生"，于是热血一冲，打开购书网站连买数本，列

读书计划，结果一本书还没读完便将之抛到脑后。

听别人说"生活不止眼前的苟且，还有诗与远方"，立马激情澎湃地想象自己正在大草原上，欣赏风吹草低见牛羊的景致；或立于黄山之巅，瞻望云雾缭绕的风光。兴致盎然地连做数个攻略，结果假期到了，却宅在家里刷朋友圈。

这样的事情不胜枚举。大到职业规划，小到早起健身，每当我们冒出一个新想法，都会认真准备，动力十足。谁料没过两天便兴味索然，不了了之。

一个打鸡血的开始，未必是正确的开始，它或许是对自己的不负责任。再好的主意如果没有落实到行动中，最开始自信满满的我们都会成为一个笑话。

所谓的"鸡汤""鸡血"其实都是"激励"的形象化说法。激励一般来自于外部和内部。前者围绕着外界的所听所见，更具体点儿说就是"看到并想和别人一样优秀"，比如说想在事业上有所建树，变得富有；想成为社交达人、情商高手；想拥有傲人的身材……而内部激励，是指"坚信自己能变成想象中的样子"。

无论是受到外界刺激还是源于内心的动力，若真的想要改变自己，所谓的鸡血只是一个"引子"，若做不到用行动贯穿始终，结局必然是失败。当挫败感接踵而至时，下一次鼓起勇气会变得更难。

梅尔·罗宾斯凭借《5秒法则》成为畅销书作家，但很少有人知道，这之前她是一位做事拖拉、惯常打鸡血、行动力为零的家庭主妇。她半辈子都在"冒出新想法"—"激情澎湃地想象"—"三分钟热度"—"放弃"的恶性循环中度过。

她的生活因此变成一团乱麻。41岁时，梅尔的人生糟糕到了极点。她没有事业，婚姻也亮起红灯，家庭在濒临破产的边缘。为了逃避生活，她终日赖在床上。

有一天，梅尔突然在电视上看到火箭发射的场面。随着屏幕倒数"5、4、3、2、1"，火箭一飞冲天。梅尔突发奇想，默默在心里倒数起来，随后她急速从床上弹起。从那天起，无论梅尔想要做任何事情，都会先在心里默默来一场"5秒倒数"，她因此变成一位行动力达人。

在梅尔看来，人的大脑由"理智脑"和"情绪脑"构成。我们都有类似的体验，每当想要做一件事时，要么止不住地兴奋，沉醉于美好的幻想中；要么产生畏惧、畏难的情绪。

无论是哪一种，都可能对行动力造成损耗。但是，情绪其实很难在 5 秒之内发挥作用。为了摆脱"情绪脑"的控制，不妨依据本能，快速行动起来。排除万难先去做，而不是停下来思考，不知不觉间你已经度过了最艰难的第一步。剩下的事，就都是水到渠成。

一万次打鸡血都不如一次平平淡淡的坚持，不如一个扎扎实实的行动。或者说，"强打鸡血"不如持续性地"自我造血"。

行动力很容易时高时低，无法保持稳定。到了低谷，不妨给自己来一剂"强心针"。罗永浩曾在一次演讲中说，年轻时每当坚持不下去，就买来一堆成功学的书籍。一本失效了，就换一本，用新的姿势再读一遍，汲取能量，造出新血，刺激行动力，持续收获正向反馈。

光靠打鸡血能撑到几时？行动力才直接决定我们的人生高度。不要让曾经赌咒发誓说过的话，都变成巴掌狠狠打在自己脸上。要努力就去行动，无论结果如何，都无愧于心。就像《悟空传》中的一句经典宣言："我来过，我爱过，我战斗过，我不后悔。"

我们为什么会拖延？
因为拖延有快感

　　编辑群里流传着一个段子："无论是大作家，还是小写手，如果你看到他或她正在狂发朋友圈，狂给别人点赞，疯狂转发时间规划的文章，那么他或她一定又到了交稿的'死期'！"

　　拖延症是很多人的通病。早上打开电子文档，敲下一行字，看看手机，半小时过去了第一段还没写完；一直想要整理的办公桌，直到被杂物堆满也没来得及收拾；出差前，不拖到最后一刻绝不收拾行李，差点儿赶不上飞机……这些情形我们都不陌生。

　　人类真正反思"拖延症"，不过是近 20 年的事。若不是

1991 年经济学家乔治·阿克洛夫通过一篇论文痛斥"拖延之罪行"，只怕大多数人还沉浸在拖延的快感中而不知其缘由。

查阅多篇有关拖延的论文和其他专业书籍后，我才明白拖延的快感从何而来。举个简单的例子，写一篇专业论文和看一部连续剧，哪件事更开心，更容易执行？答案不言而喻。用娱乐性活动代替一件乏味的工作，当下得到的是来自身体与心理上的双重愉悦感。

拖延，还意味着在"玩火"。很多人总是拖到截止日期的最后节点才开始行动，尽管每次都将自己搞得疲倦不已，却始终乐此不疲。每一次拖延，都是一次冒险，能在截止日期前赶完工作，仿佛战胜了"死亡"，这里蕴藏着奇妙的快感。

拖延的快感，也与自我意志的体现息息相关。有个作者说，她不喜欢被逼着写稿，当编辑花样百出地逼她按时完成工作量时，她却不由自主地想要拖下去。

这样的体验其实并不新鲜。小时候，父母催着我们写作业，收拾房间，我们一定会找到各种借口去拖延。这时候，"被催""被逼着"相当于无条件接纳旁人强加的意志，弱化自我意志。潜意识里，我们都不愿意这样做。拖延变成了对抗旁人意志的法宝。

拖延，其实是在挽回自己的节奏，隐藏着勇敢做自己的渴求。我们隐隐传达着"我能自己做主安排，我说了算"的信息，可是这样的快乐一定是有代价的。

偷懒带来的愉悦是一时的，焦虑却会如影随形，步步加剧。哪怕已经决定放下工作，痛快玩一场游戏，心里却不停回荡着一个声音"你完蛋了""你知道你是错的"……害怕搞砸工作，担心让别人失望，种种自责、难过的感觉综合起来，往往又会让拖延和焦虑升级。

有一次看 TED 演讲，演讲者 Tim（蒂姆）曾经如我一般深陷拖延症的泥沼。Tim 说，自己的大学时光大部分都在查找资料、写论文中度过。他习惯于在截止日期前一天的晚上开始疯狂写论文。后来，他又将赶论文的时间集中到了截止日期当天的早上。

Tim 很享受挑战自己的快感，可他最终在超过 90 页要求的毕业论文上栽了跟头。他承受着巨大的心理压力，迟迟不肯动笔。直到截止日期前 72 小时，Tim 逃无可逃，疯狂地赶写起论文。一周后，他接到了学校老师的电话，对方称这是他读过的最差的论文。

Tim 依据亲身经历分析道，相比自律者而言，拖延症患者的大脑内多了一只及时行乐的"猴子"，它深深影响了人们的选择与决定。

"猴子"经常抢过理智的"方向盘"，使我们做出与真实意愿相违背的事情。做完它想做的事情后，它也不愿意松手，于是时间在不知不觉间溜走。我们要做的，就是在"猴子"占领"方向盘"的时候，搬出它最害怕的东西来震慑它，Tim 称之为"守护天使"。

如果截止日期不起作用，那就寻找别的"守护天使"。想想，如果一件工作完成不了，你最害怕什么？竞争对手的鄙视？亲人的失望？唯一的事业机遇白白流失？找到内心最渴望、最害怕的东西，便能制服"猴子"。拿 Tim 来说，有人邀请他做一场 TED 演讲。当他再次犯了拖延瘾时，一张 TED 网址上自己的照片令他惊出一身冷汗，于是"猴子"成功被吓跑了。

Tim 的方法令我受益良多，后来又在一本书上看到这样一个观点：想要击溃拖延症，先确定自己的"拖延风格"，再对症击破。书中这样描述，有心理学家将拖延者的活动分为六大块：家务、学业、工作、个人呵护、社交、财务。每个人的拖延风格不一样，有的人热衷于社交，但遇到家务事就头疼；有的人喜欢收纳，但面对一篇简单的工作日志却一拖再拖。

先找到自己的拖延风格，然后专门抽出一周来做实验。实验开始前，确定一个具体的、可操作的目标；将目标分成一些小步骤，保证第一步能在极短时间内完成；随时记录完成状态，取得进步时奖励自己。无论卡在哪一步，都及时停下来再次细分步骤。

英国诗人塞缪尔·约翰逊曾说过一句令我醍醐灌顶的话："我们一直推迟我们知道最终无法逃避的事情，这样的蠢行是一个普遍的人性弱点，它或多或少都盘踞在每个人的心灵之中。"拖延带来的快感都是假象，让我们一起喊出："滚蛋吧，拖延症！"

拖延的另一个名字叫"失败恐惧症"

罗振宇在"罗辑思维"主讲拖延症的那一集中，先是坦白承认："我自己很早之前就有拖延症，很早以前就定了，我要讲一期拖延症的话题，但是一直拖到今天才算把它给讲了。"在他看来，拖延症和懒没啥关系，与它渊源很深的关键词叫作"完美"。

因为太害怕失败，完美主义者最终变成了拖延症资深患者。这一类人在生活中存在一些极其固执的信念，比如说："我必须要想出一个完美的方案""失败所要承担的风险远远大过什么都不做""事情没把握做到最好，那干脆先别做"……

阅读某本有关拖延症的书籍时，作者说他观察到惧怕失败的人自有一套逻辑，为了梦想而奋进这件事在他们看来是很冒险的、令人恐惧的。他们的逻辑大概是这样的：一个人做的事情能够直观体现出他的能力；一个人的价值由能力体现，能力越强，个人价值就越高；一个人做的事情能体现他的个人价值。

这就形成了一个等式：自我价值感＝能力＝表现。而拖延的出现，则打破了这种平衡，造成了一种"自我价值感＝能力≠表现"的假象。

从这点来说，人们拖延恐怕是因为害怕拼尽全力也只获得一个差强人意的结局，为了应付这种恐惧，干脆"原地驻扎"。就好比我们身边那些严重的拖延症患者，表面上云淡风轻，做任何事都拖拖拉拉，显得对第一名毫无兴趣的样子，事实果真如此吗？

其实，很多人百般压抑对成功的欲望，无非是因为内心对失败恐惧到了极点。为了不显现出真实的自己，他们往往会秉持这样的论调："我无所谓啊""有什么可拼的"。

面对不那么圆满的结果，拖延又成了他们的借口，"谁让我一边玩儿一边工作呢？""我真正投入在这上面的时间不过一天，时间太赶了。"……他们宁愿别人责备自己"懒癌入骨""无药可救",也不愿意承受那种哪怕拼尽所有依旧无法做到最好所带来的无能感。

有时候他们还会沾沾自喜,"想不到这份仓促赶出来的方案居然还能交差,我也蛮厉害的嘛"。这让他们相信,自己实际上拥有极其出色的潜能,一旦认真做,未来不可限量。

想要治愈这种"失败恐惧症",先要克服自身的"完美主义"。曾看到一篇文章,作者是罗振宇的好友——和菜头。他用亲身经历证明"追求最完美方案其实是个陷阱"。和菜头说,罗振宇最初找他开辟专栏的时候,提出一个要求,每周至少保持3篇的更新量。那么和菜头1年至少需要写156篇文章。

他问罗振宇:"你怎么知道我能在一年之内写那么多文章?就不怕我写到一半突然宣布自己灵感出走,或者从此人间蒸发?"他也不敢保证自己不会突然犯了拖延症。

可和菜头最后还是成功完成了协议。他每周完成3篇文章,保质保量。能够做到这一点,在于他采取了一种"鲁莽而冒进"的行事风格。如果是以前,他在完成目标之前会先详细思考,企图找出一份最完美的执行方案。这一次,他却将一切抛到脑后，打开文档直接开始写。

身边也有朋友借助这个方法来克服拖延症，实践一段时间后，发现确实有效。这是因为我们在追逐一个目标前，会习惯性地预想各种失败的情况，再根据每一种情况考虑好应对方案。这其实是正常的思维模式，问题是它往往也是拖延症滋生的温床。

能不能有一次，抛开一切顾虑，说做就做？在执行的过程中，逐步修正失误。就好像我以前听到的一句话：所谓的完美，都由结果"逆推"得来。如果目标达成得很完美，你会发现自己之前的每一个决策都是正确的。所以，无须恐惧失败，更不用纠结于你的计划是否完美，你准备得是否充足，撕开一切伪装，说做就做，即刻出发！

除此之外，罗振宇总结的克服拖延症的方法也给了我一定的启示。他主张将创造性的工作分解成机械性的劳动，一点点地去完成。拿复习来说，如果我们实在不想动脑筋，干脆将书连抄 5 遍，结果也不会很差。依据自身经验，我觉得可以为这个方法加一个前提条件，那就是降低预期，对过程多一点儿用心，对结果少一点儿关注。

这是我们对抗恐惧的利器。毕竟执行过程中的不确定因素太多了，若成功完成计划，当然皆大欢喜；失败了也无须太过沮丧，做好复盘工作，争取从头再来。

如果你也是一位害怕失败的拖延症患者，不妨牢记两句话：车到山前必有路，船到桥头自然直；失败会损失一些东西，但它不意味着一无所有。将拖拉、畏首畏尾等负面因子打包扔进垃圾桶，我们都要有说干就干的勇气和从头再来的自信。

养成"今日事今日毕"的好习惯

　　读李嘉诚的自传时，被书中的一个小故事吸引。李嘉诚介绍说，因为白天应酬太多，他晚上一般会在办公室里加班到深夜。他发现，有个员工和他一样，晚上经常出现在公司办公室里。有一次，李嘉诚特意叮嘱他："不要太晚，注意休息。"

　　员工笑笑说："今天还有工作没完成，做完就休息。"又有一次，李嘉诚发现那位员工加班结束回家了。可过了一会儿他又气喘吁吁地推开办公室的门，李嘉诚感到奇怪，便走过去问他怎么又回来了。员工解释说，他走在路上突然想起电脑系统的一个数据弄错了，所以急匆匆赶过来，准备改好了再回家。员工的敬业精神深深打动了李嘉诚。

自律的第一条硬性标准是"今日事今日毕"。

当天的事情，一定要当天处理完毕。像奥斯勒教授所说的那样："用隔断将昨天、今天、明天分隔，生活在独立的今天。"不要因为今天太累就扔下那些烦琐的工作往床上一躺，工作不会自动完成，而且明天有明天必须完成的计划，寄希望于明天是愚蠢的。

养成"今日事今日毕"的习惯可以分两步。

第一步，我们要保证无论遇到哪些麻烦，无论多累，无论多晚都强迫自己将今天的任务无条件完成，一项项画掉任务清单。因为在真正实施的过程中，一旦遇到困难，我们大脑中那颗拖延的种子便会拼命地发展壮大，挤占理智的生存空间。

第二步，是摒弃一切借口。不要为求心安或逃避别人的责难找各种说辞，这往往得不偿失。我们要做的是客观地分析问题，直视自身存在的缺陷，力求在新的一天做得更好。

在这一过程中，最重要的事情莫过于反思。稻盛和夫工作的第一家公司有段时间濒临倒闭，在人心惶惶的氛围中，稻盛和夫一度迷茫。为了稳定情绪，他给自己立下规矩：今日事今日毕——当天的目标一定要当天完成。

　　他将工作的进展及成果以一天为单位来区分，然后埋头苦干。偶尔，他也会悲观地想，这份工作如此枯燥单调，真的能做出什么像样的科研成果来吗？为了解决心中的顾虑，他不但保证每天完成固定的工作，还会抽出时间来反思，总结出新的经验教训。

　　稻盛和夫给予我的启示是，摆脱拖延症，达到"今日事今日毕"不是最终目的，它其实是在为下一阶段做铺垫，即确定自己的完成标准，多多反思，做到"保质保量"。

　　很多工作，不是完成就可以了。凡事多考虑一步，尽量做到圆满、出色。正如那些付费课程，不是听听就算了，还要积极反思、实践，从中摸索出一套属于自己的方法。

　　不要因为贪玩，就将手中的事一拖再拖。从未有人见过时光溜走时会向他们打招呼，都是蓦然回首，才慨叹人生短暂，岁月易逝。每一个今天的积累，都会让明天变得更容易一点儿。全神贯注，竭尽全力地过好每一天，再平凡的人也能绽放出耀眼的光芒。

无法执行的计划，
再漂亮也是一张废纸

　　无意间在朋友圈看到一个视频，视频正中立着一块大黑板，策划人在上面写道："你最遗憾的事情是什么？"路人们驻足观望，一个女孩儿走出人群，在黑板上写下了自己的答案。渐渐地，黑板被写得越来越满。策划人采访了带头写下回答的那个女孩儿。

　　女孩儿说："我最遗憾的事情就是没有坚持追逐自己的梦想。我曾为自己制订了整套的计划，那看起来真的很棒……"接着，女孩儿摇摇头："但你知道，最后还是不了了之了。"

　　有朋友开玩笑说："从小到大我做过的计划恐怕能绕地球

好几圈了，但是能执行到底的几乎没有。"我们喜欢填满各种各样的任务清单，连标点符号都异常准确而又清晰。计划虽然做得一份比一份漂亮，但几乎做完就扔，似乎只是为了在心里"爽一下"。

在拖延症资深患者看来，"真正完成"带给他们的愉悦感远远不如"在想象中完成"。试想，真正爬完一座大山需要付出多少心力？而一边制订计划，一边幻想自己优秀完美、无所不能，是一种唾手可得的奖励。这份计划最终成了感动自己、安慰自己的工具。

软银集团董事长孙正义说过一句话："三流的点子加一流的执行力，远比一流的点子加三流的执行力更好。"撇除那些花里胡哨的解读，计划的本质其实是达成目标的基础和蓝图。不真正付诸行动，做得越漂亮的计划越是无用。

以前有个同事对我说，她想辞职创业。我的第一个想法就是这不靠谱。没等我劝说，她便果断辞去了这份薪资还不错的工作。一开始很难，幸亏之前她已经有了一整套布置和计划。再见到她的时候，她的小店已经开起来了。生意暂时不太红火，但她很有信心。

经过辛苦地打拼，没到 1 年，她的小店便有了不错的收入。她又在网上开了店，积极开拓客源。如今，她活得随性而自由，做生意赚的钱远远超过当初的那份死工资。

多少人嘴里说起创业来，计划都是一套一套的，唾沫横飞，天花乱坠，真的做起来却直打退堂鼓。计划永远是手段，永远为执行服务，而不是直接目的。何况，我们过往做的那些计划真的足够"漂亮"吗？还是，它只是看起来很厉害很漂亮？

为什么我们的计划总是执行不下去？我曾深思过这个问题。第一个跳出脑海的答案是：如果我们的执行力没有问题，那问题一定出在执行方案上。摊开你的计划表，问自己：这些执行步骤真的贴合实际吗？第一步容易开展吗？每一步是否都环环相扣，天衣无缝？

翻阅某本管理类书籍时，发现书上着重介绍了一条"笨蛋法则"。制订计划的时候，最适宜运用这条法则。它其实是在提醒大家，无论制订哪一领域的计划，保证你的每一步越简单越具有操作性越好，如果连最笨的人都能领会和操作，才称得上漂亮的计划。

简而言之，目标可以高远，但计划一定要接地气。不要高估我们的执行水平，那些文采斐然却华而不实的方案等于给我们原本就岌岌可危的执行力直接判了"死刑"。这其实是说，计划上确保其每一步都可行、可运作，执行上就节省了很多力气。

有的朋友抱怨说："计划不如变化快，最后计划又变成了废纸一张。"我们都有这样的体验，明明想要好好工作，工作节奏却常常被突发事件打乱，导致计划总是难以完成。

遇到这样的情况，先判断这一类突发事件是否每天都会发生；是否需要立即着手处理；是否可以推迟。如果可以推迟，原计划便不受影响。如果必须先解决意外事件，那么就需要反思，之前制订的计划中有没有留出足够的弹性空间以预防此类情况的发生？

这给予我们的启示是，制订每日计划时，不要将所有的工作时间都安排得满满当当。最好预留一定的时间来应对此类突发事件。如果此类突发事件是临时性的，且经常发生，那么思考这样一个问题：是否可以通过主观控制来减少此类事件的发生？

有时候，一些整理工作也会大大拖累我们的执行速度，导致计划难以按时完成。比如说，整理文档、收藏夹、笔记，"强迫症"们很容易过于纠结细节，不知不觉就浪费了很多时间。我曾用一些小方法解决这个问题，比如：不在高效时间内做这一类烦琐的工作，因为人一天中的有效工作时间可能只有 5 小时；买个定时器或者小沙漏，做事时能帮助我们进行倒计时。

计划给我们树立了明确的方向，引导我们有规划、有节奏地前行。然而，再漂亮的计划，如果执行不下去都是纸上谈兵。我们的计划可以不完美，但一定要确保其具体可行；我们的步伐可能暂时走得不太稳健，但一定要向着超强执行力的目标奋进。

没有最好的决定，
只有最正确的决定

韩剧《请回答 1988》中，正焕从 18 岁起暗恋德善，他曾有无数的机会表明心迹，可每一次他都在无限的思虑中任由机会白白流失。等到他最终有勇气向德善告白的时候，他最爱的女孩儿却已经成为别人的女朋友。

在我看来，正焕其实是"决策困难症"患者，典型的想太多，越想越没有勇气，越想越难以抉择。而在生活中，很多人做事拖拖拉拉，就是因为患上了"决策困难症"。别说感情大事了，就算是很小的事情，他们都会辗转反侧，时刻纠结。

肚子饿了叫份外卖，选择哪家饭店呢？吃红烧排骨饭呢，还是酸汤肥牛面？纠结着纠结着，午休时间过去了一大半。毕业求职的时候，不知道该选择哪个行业、哪家公司。如果同时得到了好几家公司的录取通知，那更可怕，纠结着纠结着，临近报道期限了才匆忙找家公司入职。

工作的时候也是纠结无比，这个项目做之前要跟老板商量一下思路吗？还是先做出框架再说呢？纠结着纠结着，别人已经做了一大半，他们却刚刚开了个头儿。

患有"决策困难症"的人通常喜欢在几个选择间左右摇摆，哪怕最后被迫做出决定，还是犹犹豫豫，拖拖拉拉，最后只能眼睁睁地看着时间白白溜走，内心懊恼不已。

我身边也有很多这样的"决策困难症"患者，仔细观察后发现，有的人选择困难只因太过懒惰。他们懒得做出选择，总想着别人能替他们做出决定。最常见的例子就是吃饭时问他们吃什么，回答总是"随便""都行"。久而久之便养成了依赖他人，自己动手就拖延的习惯。

有些人选择困难是因为可供选择的太过丰富，真的不知道该选什么好；有些人是因为自身能力不足，需要更多时间去判断哪些信息是真的，哪个选择对自己更有利。

但更多的人出现无法决策的症状是因为他们害怕承担后

果。这样的例子有很多，比如前两年房价暴涨，很多人一直持观望态度很难做买房的决定，结果拖着拖着便失去了最佳的入手时机。有一本书上写道，正常人做决策的过程是这样的：从多方渠道收集信息—思考—做出选择—执行决定。有选择困难的人的决策过程却是这样的：从多方渠道收集信息—思考—犹豫不决—收集更多的信息—思虑更多—越发犹豫不决。总而言之，太多的思虑与犹豫反而成了拖延的元凶之一。

　　如果你也总因决策困难而拖延，我建议你可以看看出口治明的著作《当机立断：通过"数字·事实·逻辑"做决定》。在出口治明看来，做事杂念太多反而容易导致失败，唯有当机立断才能厘清生活的秩序，赢得机遇。而他本人就是行动力超强、决不拖延的代表。

　　60多岁的时候，出口治明突然冒出了创业的想法。他的合作伙伴是一位年轻人，一开始他们聚在一起讨论的都是失败的种种后果，越是想太多便越是难以行动。直到出口治明和忘年交合伙人斩断一切杂念，立即行动时，一个绝佳的机遇才慢慢浮出了水面。

　　那么，如何做到快速决定？《如何有效阅读一本书》又给了我很多启示。书中这样写道："带着目的去选书，带着书单去购书，带着问题去读书。明确了目标，然后有针对性地进行选择，高效决策并有效吸收书中的内容，实现活学活用。"

带着目的去决策能有效缩短选择的时间。但这往往又会令我们走入另一个陷阱：目的实在太多了，所以选择困难。这时候就要学会"断舍离"，依据本心把优先顺序排列出来，按照第一项去行事。我们的目的越是明确，决策便越高效，行动起来自然不会拖泥带水。

另外，我们得记住"解决"是第一位的，生活中并不是任何一个选择都重要。比如先看书还是先运动？这种选择不值得你耗费大量的时间去分析。只要时间有效利用起来了，哪个先哪个后并不重要。千万别犹豫着犹豫着，最后没看成书也没运动，净躺着做选择了。

如果选择实在太多，不妨依据直觉来做决定。当然，这里的直觉不是说瞎选乱猜，而是依据过往的经验和积累的知识，在瞬间锁定一个答案。比如我们可能第一次见某个人的时候，莫名觉得对方很不错，值得信任。这便是直觉的某种表现形式。

普希尔定律认为：迅速、正确决策是行业内的领头人不可缺少的一项能力，过多的思虑，一定会阻碍决策诞生的进程；而任何一项正确的决策，一定是当下做出来的。有时候，我们就是太过缺乏说做就做的勇气，殊不知，再好的决策也经不起拖延。无论做什么事情，都要趁一切来得及的时候当机立断，即刻行动！

拖延症的终极治疗方案

米奇·阿尔博姆的小说《相约星期二》中有一句话令人深受震撼："当你知道要如何死去，你就知道该如何活着。"

很少有人会认真地思考关于"死亡"的话题。对于这样一件必然会发生的事情，我们的第一反应往往是抗拒和回避，这其实将整个人生变成了一场"拖延"。

我们从未停下即时满足，并肆无忌惮地挥霍时间，同时将真正该做的事情一推再推，是因为潜意识里总觉得死亡离自己很远。

不妨为自身的"拖延症"下一剂狠药：没事儿多想想生死。如果我们明天就要死去，还会懒散度日吗？我们可以思考一下自己最终离开这个世界的方式，是平静无波，毫无遗憾？还是仓促离世，满怀悔恨？

　　我们甚至可以为自己撰写一份墓志铭，列下最初的梦想和已经达成的目标，列下最值得自己骄傲的成就。如果我们能写的寥寥无几，那种紧迫感就会压得我们喘不过气来。

　　《奇特的一生》一书向我们展示了柳比歇夫独特的"战胜拖延症法则"。他为了找出生命中所有被浪费的时间，只要是发生在生活里的事情，无论大小，他都会如实记录下时间，按月分析。一旦了解到我们的时间具体浪费在哪里，我们就能轻易找出自身的"拖延节点"在哪里。

　　每个人的"拖延节点"未必相同，适合每个人的具体的"战胜拖延症方法"也不一样。我们可以在实践中慢慢摸索出一套最适合自己的方法。下面介绍一些有效的"战胜拖延症"良方：

沉浸工作法

　　找到一件现在就能做，但一直被拖延的任务。用手机定 4 个闹钟，时间相隔 15 分钟。立即启动任务，心中默念："接下来的 15 分钟，是选择休息还是沉浸？"如果选择了后者，那就全神贯注地沉浸在任务中，中途不可以做与任务无关的任何事情；如果选择休息，就抛开电脑与手机，去散散步，听听音乐，或者欣赏窗外的景色。

使用沉浸工作法必须要遵循这样的规则：每15分钟都全身心投入，坚决履行之前的选择。但是这种方法对于那些经常需要与人配合的工作来说不太合适。

早起工作法

苹果现任 CEO 蒂姆·库克说自己每天早上3点45分准时起床，然后锻炼到5点。6点半他正式开始一天的工作，一直忙到深夜。

我们都有这样的体验，如果开展工作的那一刻，已经有了拖延症的苗头，那么一整天都可能会被浪费。而清晨那段时间，大脑通常思路清晰。在这种不太容易受干扰的环境下工作，效率极高。只是每个人对早起的承受能力都不同，早起工作对坐班人士就很不适合。

如果你天生不适合早起，强行早起只会让你这一天都无精打采，昏昏欲睡。总而言之，找到一天中让你工作效率最高的时间段，并充分地利用好。

将爱拖延的事变成例行公事

为什么我们每天起床后一定会刷牙，因为这是我们从小养成的习惯。那么，如果每天都划出固定的时间段来处理那些被拖延的事情，久而久之便会形成习惯。

找到让自己甘愿燃烧的事情

很多事情我们一拖再拖，很可能是因为内心缺乏兴趣与动力。就像有个朋友曾不止一次地说要考研，却一直拖着不去报名。他内心其实并不想再与书本打交道。如果说拖延是我们的天性，那么只有找到能给我们持久动力的事情，才能促使我们自发地去与拖延症做对抗。

拖延，是因为我们没有全力以赴地进入当下这个时刻。那么拖延症真的不可战胜么？未必。只是战胜它非一朝一夕之功，千万不能太心急。我们在日常生活中要养成立即行动的好习惯，享受当下的力量，用时间将自己锻造成一个无坚不摧的人。

PART 8

拒绝三分钟热度，
才能持续精进

你不是不努力，你是"用力过猛"

渡边淳一曾说："人也罢，花草和其他生物也罢，凡是过度想表现自己，凡是用力过猛的，就会使人扫兴，减弱了它本来所具有的魅力。"

每次和朋友相邀登山远足，我便能深切地体会到这句话背后的含义。拿最近一次攀登香山来说，和我同行的是个年轻姑娘。临出发时，她信心满满，对我说要一口气爬到山顶。

姑娘越爬越快，脚下生风般不一会儿就将我抛到身后。我爬了一小段，喝口水，吃口面包，休息后精力充沛地拾阶而上。爬到半山腰时，一眼瞥见姑娘歪在一旁的大石上，累得上气不接下气的。"还有多远啊？"姑娘问我。我笑了笑："早着呢，这还不到一半路程呢。"姑娘抹去额上的汗，望着前方游客的背影，看样子已经打起了退堂鼓。

登山、马拉松长跑这一类运动拼的是耐力和持久力，而不是瞬时冲刺。一开始用力过猛，不单会耗尽体力，对意志力也是很大的磨损。人生亦是如此，很多时候你不是不努力，而是用错了努力的姿势。开始时大张旗鼓，没过多久必会力竭止步。

"第十名现象"一直被人热议，说的是一个班里最有出息的学生，往往不是学习成绩最好的前几名，而是班上第十名左右的学生。这让人颇感诧异。

分析其原因，却又觉得在情理之中。教师、家长们强迫孩子进入前几名，使他们的兴趣爱好、知识面、个性等方面受到了很大的制约，反而束缚了他们智力的发展。同时，他们对分数、排名越是执着，抗挫能力及耐性就可能越差。可是进入社会打拼，不是光凭成绩就可以的。

"第十名"们一开始默默无闻，因为不必背上"第一名"的思想负担，他们有了更多时间和精力去广泛涉猎感兴趣的东西。失败对他们亦是平常的事，他们亦因此练就了不俗的学习能力和耐力。这样的人更擅长攻克小目标，积小胜为大胜，反而后劲儿十足。

这个道理在职场上同样适用。很多职场新人，或者那些刚刚跳槽到新公司的人，总有一种迫切想表现自己的心态。奇怪的是，这样的人往往后劲儿不足。

他们越是努力地表现自己，别人对他们的期待就越高，这时候，稍微一个失误，立马就会让别人对他们的印象一落千丈。那些不急不躁，按照自身节奏循序渐进的人却能慢慢树立起个人品牌，一点点获得他人的好感与信任。可见，一开始拼尽全力地表现自己，只会过分抬高他人的期望值，并不利于持续发展，这便是用力过猛的副作用。

真正走得远的人，首先得拥有一个良好的心态，懂得循序渐进、厚积薄发的道理。一开始就拼尽全力，极有可能弄巧成拙。正如某段时间在网上十分流行的那句话："持续性混吃等死，间歇性踌躇满志。"这并不是因为我们的目标不明确，动力不强，而是因为在起始阶段，我们的安排不够合理，一开始就预支了后续所有的热情和行动力。

好比有的人减肥，一上来就开始不吃晚饭，还没饿两顿便缴械投降；有的人看书，恨不得全程保持全神贯注，稍微一个走神儿都不能原谅自己，结果还没坚持半小时便玩起了手机。

琴弦绷得太紧，就容易断掉。动辄把自己逼入绝路，只会导致一次次的临阵脱逃。老话说得好，心急吃不了热豆腐，抛开过程谈结果无异于天方夜谭。

我们若心怀大志，首先要做的应该是做长线规划，分步而行默默努力，而不是狂发朋友圈昭告天下"我要开始努力了"，然后摆出各种用力过猛的姿态。

身边那些自律人士习惯依据现实情况合理分配好自己的时间和精力，设置好阶段性的小目标，从头开始逐一击破。走得累了，他们会适当地歇一歇。遇到了阻碍，他们亦会停下脚步耐心寻找突破的良机。这可能就是他们的热情和精力始终"在线"的秘诀。

有时候完成自我超越就如登山一般，想要保持耐力，就要先保证自己始终匀速前进；将奋斗的历程拉长，在每一个小目标之间设置"驿站"，及时补充营养和资源。如果一开始就想着冲刺，只会在中途因体力不支被淘汰。况且，就算我们勉强奔到终点，这一路仓促而行，无疑会错过途中的美景，偶尔的成功也就成了索然无味的事情。

由此可见，走得稳比走得快重要得多。任何形式的用力过猛，都不会带来长远收益。而急功近利的做派也只能感动自己。所以，不妨将努力的姿态从用力过猛转为持续精进。

廉价的坚持，
最后都通往了放弃

　　网上某位学习型名人更新动态道："欢迎大家监督，如果我没有做到坚持每天发文章，就给点赞的小伙伴每人转发 1 块钱。"不到半天，这条动态已经有了好几万的点赞数。

　　扪心自问，如果是我，我真的不敢违约。只因违约的代价我实在承受不起。很多人无法坚持自律，是因为当下的放纵几乎不用付出什么代价，积累很久后，其恶果才会浮现。

　　不用付出太高成本，是我们毫无节制、一次次行为越轨的原因之一。这时候，提高成本，设置一个我们十分害怕的违约后果或者惩罚是一个可行的办法。

　　一个朋友在网上看到一条健身卡转让信息，她用较低的价钱买下这张原价不菲的健身卡。可奇怪的是，这张卡她只用过一次，后来一直放在钱包里，等她想起来的时候卡已经过期了。我们都觉得挺可惜的，她却满不在乎地说，反正便宜。

其实，她之前买下那张卡是因为一直想健身，可每次都会因为各种事情推迟健身的决定。当她懊悔自己毫无毅力时，心里却会冒出一个声音："没啥可惜的，反正这卡这么便宜。"不自律，变成了一件很便宜，很不可怕的事。

这与绝大部分参加1元打卡群的人都会失败的道理类似。之所以难以坚持，是因为自律的违约成本太低，几乎可以忽略不计。如果我们一开始就认为某个自律行为很"廉价"，那么接下来的坚持似乎也变得一点儿都不可贵了。结局百分之百是半途而废。

如果我们提高违约成本呢？比如说，身边很多舍得花重金请私教的朋友，健身效果都超越预期。专业教练所带来的科学指导是一方面，更重要的是，私教课每一节都很贵，若白白浪费掉实在是"肉疼"。他们每一节课都很认真，练得大汗淋漓，有这样好的效果也正常。可见，我们为自己的行为投入多少成本，就为之后的坚持提供了多少保障。

很多人认为"公开目标"能够有效提高自律的违约成

本。比如之前认识的一个女孩儿，每次减肥前必然要发一条朋友圈：求监督。

隔段时间我问她近况如何，她沮丧道，原本以为的动力和压力并未起到过多作用，实现不了虽然很丢脸，可她也就难为情了几分钟而已，事后依旧吃吃喝喝，一点儿肉也没减下去。

对某些人来说，一再违背誓言被"打脸"是很严重的事情，这时候他们将自己的计划公开，创造公众监督的氛围，于己而言是很大的动力，坚持也变得容易起来。

可对另一些人来说，他们已经习惯了被"打脸"。哪怕在朋友圈秀了一整套计划，失败了之后顶多抱怨几声，却没什么实际的损失。这种违约成本几乎可以忽略不计。

何况，心理测试证明，将目标广而告之，会让我们产生一种目标已经达成的错觉，如释重负感油然而生，这反而会降低我们的动力。就好像每次发完立志减肥的朋友圈，内心总会因点赞数噌噌上升而无比满足，下一步却是大吃一顿犒劳自己。

其实，在当今这个网络无比发达的社会，借助外力实现自律是一个不错的选择。前提是，我们不仅要"公开目标"，还要明确标出违约后的"惩罚手段"，让违约成本升级。

我们应该冷静地分析：对自己而言最无法承受的"惩罚手段"是什么？是身材肥胖，只能以最难看的样子出席同学聚会，还得为所有人买单？还是从此放弃最爱的旅游？

我们不只要发布消息表明决心，还得附带上较为"严酷"的条件："如果这次无法坚持下去，我就出钱组织一场聚会，听所有人一起嘲笑我痛骂我！""如果这次还像上次一样轻易放弃，我发誓5年内不再出去游玩，请所有人监督！"……

不止如此，我们还要每天实时更新动态。一旦没有做到承诺的自律计划，也及时请大家骂醒你。相信"众目睽睽"之下，应该没有人敢轻易违约。或者，成为你暗恋的对象的网络好友，确保他们也能看得到你的状态。想象在乎的人正在看着你，你就更不敢松懈了。

当我们觉得坚持不下去也不会有太大损失的时候，我们的自律便没有多少价值了，一遇到困难便放弃也成了顺理成章的事。唯有"切肤之痛"才能鞭策我们前行。

所以，找到自己的软肋，将违约成本提高十倍、二十倍，用这种方法为自己的坚持赋予更多价值和意义。告诉自己"我的能力不止如此，我可以做一切想做的事情"，主动背负起身边所有人期望的目光，然后向着前方坚定不移地走下去！

无法坚持并非你意志力不够，
而是你高估了它

TED 上曾有一场演讲，演讲者安杰拉·李·达克沃斯是一位著名的心理学家。她说，自己在当老师的时候发现，最有出息和最没出息的学生之间最大的差异不仅仅在于智力，还有一个很重要的因素：Grit，即意志力。有时候，意志力甚至比智力更重要。

现实生活中，缺乏意志力的人很多，高估自身意志力的人更多。常常听到这样的论调："戒烟还不容易，我不会上瘾的！""现在胖一点儿没关系，我想瘦下来很容易的。""我就玩几分钟手机，等会儿再看书。""现在是比较颓废，但我要想振作起来还不是一句话的事。"……

这都是我们对自身意志力盲目自信的表现。想一想，哪一次立志前不是信心满满，觉得自己这一次一定能脱胎换骨，重新做人。然而结局依旧是三分钟热度。

为什么不肯承认，我们就是一个意志力很薄弱的人呢？原因在于很多人潜意识里都认为自己很完美，或者说我们根本不敢承认自身有着这样或那样的缺点。

曾听过一场有关意志力的讲座，老师说："意志力其实是每个人都拥有，但程度不同的一种品质；每个人的意志力都会在某段时间内达到稳定；长期坚忍不拔的意志力，能通过后天的练习来获得。如果我们始终无法接受'意志力极差的自己'，始终不愿意去捅破那层窗户纸，便不会从潜意识里寻求改变，而改变的决心亦不够迫切。"

就好像我们认识到自己的身材很差劲儿，才会下定决心去减肥；认识到自己浅薄无知，才会努力看书开阔眼界；认识到自己学历不够，才会主动报名自考、成人高考……先端正态度，才能付诸正确的行动。与此同理，培养意志力的前提是理智判断自身的意志力等级。

我曾思考过这样一个问题：为什么到了关键时刻我的意志力总会轻易瓦解？之后我渐渐想明白，大多数人其实犯了这样一个错误：不去控制自己的意志力，反而成为意志力的奴隶。

　　一本心理学书籍上介绍了这样一个实验：接受实验者在实验前主动禁食一段时间，随后被随机分为三组：控制组、实验组 A 和实验组 B。控制组被带去做一些复杂深奥的难题。实验组则被带去另一个房间，A 组面前摆着烤好的巧克力饼干，B 组面前摆着萝卜。

　　实验人员下达了一个意味深长的命令：A 组可以随便吃饼干，B 组只能吃萝卜。一段时间后，两组实验组都被带去做题。结果显示，实验组 A 和控制组一样坚持了平均 20 分钟才放弃解答那些根本无解的难题。而实验组 B 只坚持了平均 8 分钟。实验人员给出的解释是：实验组 B 的所有成员在抵御饼干诱惑的过程中，已经消耗了绝大部分意志力。

　　我们之所以屡屡失败，很大一部分原因在于我们总是过早地乐观，或高估自己的意志力，这使得我们的意志力被逐渐耗尽。实际上意志力是有周期的，当我们状况欠佳时，它甚至可能直接降为零。然而，那些真正自律的人从不过分乐观，他们会根据实际情况适当地使用及调整意志力；其次，他们会适当地降低预期，不断为自己设计可持续发展的、长期的学习计划。

　　若是遇到问题，他们的第一反应不是气馁，不是放弃，而是积极思考解决问题的办法，或干脆休息一段时间，将身心调整至最佳状态再重新出发。

　　想要提升意志力，不妨扭转思维，利用生活中的点点滴滴进行训练。很多人遇到干扰因素时，会产生"我应该运用意志力去抵抗干扰"的想法。这时候意志力就像是油耗突然增加的汽车，一旦过度使用，便会有"车毁人亡"的危险。我们不妨放松心态，反客为主，利用外界的干扰来磨炼自己的意志力。久而久之你会发现，坚持对自己来说已经不是一件难事。

　　很多人都对自己其实处于意志力阶梯底部这一事实没有足够的认识。他们无法对自己的意志力水平做出正确的判断，所以才做不到自律。那么，就从承认自己没有足够的意志力开始改变吧！

学会去保存，
而不是消耗自己的内驱力

电影《百元之恋》中，女主一子早已过了而立之年，却还是浑浑噩噩的"废柴"一枚。从小到大，她最容易坚持的事情就是不分昼夜地玩游戏。后来，她认识了拳击手狩野，然而他们之间远远谈不上爱情。

在极度压抑的心情下，一子走进了拳击赛场。这一次，一子奇迹般地坚持了下来。她废寝忘食地学习着拳击技巧，一拳又一拳，执着无比，直至浴火重生。到最后，努力已经变成了一股深入骨髓的习惯，一子拼尽全力，渴望获得哪怕只有一次的认可。

电影的结局让人感动。我们都知道，唯有坚持才能将事情做好，却很少有人明白，坚持意味着什么，如何才能坚持。于是一些人的人生中总有一段时间像一子一样活得浑浑噩噩。

其实，一个人通常会在两种力量的驱使下主动去做某事，其一为内驱力，其二为习惯。很多人对前者没有概念，内驱力指的是"在需要的基础上产生的一种内部唤醒状态或紧张状态，表现为推动有机体活动以达到满足需要的内部动力"。

做事情容易放弃的人，大多缺乏内驱力。而一个人如果不能明智地管理自我有限的内驱力，常常毫无目的、无节制地消耗自己的内驱力，最后往往会落得个一事无成的结局。

大多数人之所以难以获得坚持的能力，是因为他们总是在外界的逼迫下无奈地去努力、去奋斗，而不是发自真心地想去做某件事。拿我自己来说，以前一旦懒惰袭来，我会努力地调动理智来压倒情感，渴望"超我"能控制"本我"。可一旦意识到自己又处在放弃的边缘，便无比地纠结痛苦。虽然极力地与自己做抗争，结果却往往是"惨败"，最后搞得身心俱疲。

后来我渐渐明白，在与自我对抗的过程中，内驱力很容易被耗尽。想要通过强迫的方式令自己坚持某件事情，实在是痴心妄想。哪怕这件事情原本是我们要感兴趣的、喜欢做的。

怎样学会保存自己的内驱力呢？这意味着我们要坦然面对自身的情绪波动、本我及骨子里的懒惰，顺其自然地宣泄情感，满足本我欲望，让身心得到足够的休息，这时候，我们便有了足够的空间去保存内驱力——培养一些好的生活习惯。

有个朋友很喜欢看小说，有一天，她突发奇想，在某文学网站上申请了一个账号开始写起网文来。网站要求她每天更新，这让她颇感痛苦，写文的动力越来越不足。后来，她不再强迫自己睡眼惺忪地坐在电脑前码字，也不再强制性要求自己每天必须完成多少字。

她开始随心所欲，边看边找灵感，再随手记下。有了写作的欲望时，立马噼里啪啦地敲击起键盘。不想写了又随手丢下。渐渐地，每天构思小说情节、整理大纲，写文变成了日常生活中最习以为常的事情，半年过去了，如今她能毫不费力地保持日更 3000 字的工作量。

可见，想要养成一个好习惯，我们一定要有足够的内驱力去将一些枯燥艰难的事情变得熟悉，甚至变成日常生活的一部分。度过这个阶段后，我们便拥有了习惯的力量。这时候，多余的内驱力便可以保存起来，积累到一定程度后再去推进养成其他的好习惯。

如果你经常为自己的"三分钟热度"懊悔、紧张不已，那么，首先要学会自我放松，而不是将自己逼得太紧。要密切关注自己的内驱力，不去理会那些会消耗内驱力的因素，暂时不做那些与内驱力形成对抗的事情。尽管这可能会造成某些不好的后果，但我们必须要勇敢承受。

一个深谙心理学的朋友向我建议，如果你发现自己深陷于一种疲乏、失望、过度消耗的状态中，不要试图挣扎，这只会让你越陷越深。不妨给自己开辟一段"避风港时间"，将这段时间的关键词设置为"追求幸福"和以下三个指标：

保持自由。将外界压力抛向一边，做一些自己喜欢做的事情。

不用承担责任。这段时间做的事与其他时间不需要联系起来。

抛弃连续性。无论之前做了什么，与第二天的打算统统无关。把上午做的事情，与下午的计划隔断关系。

　　这其实是一种"合理情绪疗法"，好比给情绪来一场"按摩"与"放松"。我们的内驱力会在这个过程中不断恢复，直至达到饱满的状态。时机成熟后，我们再开始尝试去培养学习、运动的习惯，将坚持变成一件自然而然的事情，一切都变得简单起来。

　　生活中，我们时时能听到"你努力得还不够""你不够有毅力"这类评价。其实，真正想要恒久投入地去做一件事情，依靠的并不是看不见摸不着的"毅力"，而是内驱力。更多地了解自己，学会如何保存内驱力，才更容易成功。

量力而行，
锁定一个习惯进行培养

古川武士在《坚持，一种可以养成的习惯》中说：我们95%以上的行动，都是由不同的习惯所决定的。难怪亚里士多德说："人是被习惯所塑造的，优异的结果来自于良好的习惯，而非一时的冲动。"

然而，现实生活中人们大多会陷入这样的误区：太过贪心，妄图一次性培养多个习惯，做到面面俱到。拿我自己来说，每次减肥时，我都会一边节食，一边运动。我总是希望自己一次性改变以前懒惰的坏习惯，结果还没坚持几天就放弃了。不是说这种方法不对，而是我太过急于求成，忘了量力而行。

什么是习惯？养成好习惯有什么好处？之前读过的《如何改变习惯》这本书中列举的一个案例令我印象深刻。冬天一场大雪之后，第一个行走在雪地里的人需要十分费力才能踩下清晰的脚印。可当后面的人都跟随在第一个人的脚步后面，不断踩着这串脚印行走时，脚印就会变得越来越清晰，雪也会被踩得越来越坚实。慢慢地，就走出一条坚固的小路。

在积雪上踩路与养成习惯的过程实在是太像了。一开始必须很费力，后来就会变得很轻松。等那条小路的轮廓越来越清晰，路面越来越紧实，路就变得不再难走了。同理，培养一个好习惯，一开始很难，可随着时间的逝去，坚持就变成了一件很容易的事情。

另外，古川武士提出了"习惯引力"的概念，千百年来我们人类为了生存下去，潜意识里总在努力维持固定状态，这使得新习惯的养成往往面临着巨大的阻力。如果我们太贪心，在同一时间段内培养多项习惯，就意味着我们必须承受多出数倍的"习惯引力"。这时候，失败也就不足为奇了。

这其实是在"警告"我们，在培养习惯的过程中一定要学会循序渐进，量力而行。不妨先锁定一个习惯，等小有成就后，再继续挑战下一个习惯。更重要的是，哪怕是再微小的习惯，其最终形成前也必然要经历三个时期：反抗期、不稳定期、倦怠期。具体而言就是：

1. 反抗期大约延续 7 天，失败的比例高达 40% 以上。处于这一时期的我们，一定要像婴儿学步一样从最简单的事情做起。不要太在意效果，只要能坚持下去就行。

需要注意的是，所谓"从最简单之处做起"，落实到具体的行动中，有两种做法：第一，细分时间，比如说规定自己每天阅读半小时；第二，细分步骤，如先读完书的前言。

2. 从第 8 天起进入不稳定期，到第 21 天才算结束。这一过程中失败的比例接近 40%。想要降低失败概率，不妨为自己建立习惯机制，令行为模式化。当然，偶尔的变通及小小的放纵都是被允许的，适当的自我激励与惩罚手段也是必不可少的。

3. 从第 22 天起我们进入了倦怠期。失败率虽然降至大约 20%，但若过于放纵，恐怕会功亏一篑。我们必须保持之前的节奏，同时增加一些变化，为培养新习惯做好准备。

在具体实施的过程中，我们得到的经验越丰富，越能体会到"行为模式化"的重要性。所谓"行为模式化"，即从时间、地点、内容入手，设置一整套固定的流程，并严格执行。

好比很多白领早晨来到办公室，第一件事是打开电脑，回复之前积攒的工作邮件。一旦建立起模式化行为流程，不在某一时间点做特定的事就会感到浑身不舒服。

简单来说，培养行为模式化的方法为：

规定时间。拿阅读来说，规定自己每周三、周五晚上 9 点开始阅读 3 小时。

从数量和方法入手规定内容。比如，每天通过音频 APP 收听有声书。

规定地点。比如在安静的咖啡馆里写作。

除此之外，设置"例外规则"也能减少影响习惯养成的阻力。这同时也让我们的计划有了"弹性"。一旦发生突发事件，"例外规则"能让我们自如、从容地去应对。

设置"例外规则"意味着我们必须尽可能多地考虑到例外情况，并想好应对策略。比如说，前一天因种种原因中断了某项任务，第二天加倍完成也不失为一个好办法。

我们只有从一点一滴开始积累，才能逐渐塑造一个越来越完美的自己。

小小的仪式感，
让习惯养成走向主体自觉

我偶然间看到一部网络电影，被一些特别的台词打动：

"主动给自己仪式感，勇敢去做一个追求幸福的人。"

"即使是自己给自己做饭，也要做得精致一些，让自己享受此时此刻的生活。"

"自己给自己订一个小礼物，享受习惯养成那一刻的美好。"

"刻意的仪式感，是对庸常生活的回击。"

……

我们一次次立誓：从现在开始，我要养成早睡早起的好习惯；我要坚持运动；我要每天保持一定阅读量。信心满满地坚持了两天，第三天就开始默认自己从未说过那些大话。

其实，我们身边从不缺乏一些充满自律精神，能轻而易举地改变坏习惯，养成好习惯的人。他们的秘诀在于，关键时刻为自己提供一种类似仪式感的东西。

曾听过一场有关仪式感的讲座，主讲老师解释说，仪式感能带给我们一种"掌控感"。我们用仪式来对日常生活中司空见惯的事情赋予意义。这让我们找回对自己生活的掌控。而这种心理上的满足感能让我们继续坚持下去。

而且，越是面对不确定性高的事情，人在潜意识里越会变得"迷信"。如果多了一套特定仪式，我们会比较容易找回状态。某球队教练每临重大比赛都会穿同一双球鞋。这一特殊仪式就相当于一种保障，这位教练打心里相信这种仪式会让自己指导的球队获胜的概率大大增加。

综艺节目《我家那闺女》里，国家游泳队队员傅园慧从小到大身上都挂着一个红色的带子，不是为了擦汗或者装饰，而是起着心理安慰的作用。每当她心生畏惧时，就会不自觉地摸一下红带子，暗示自己："没什么好怕的……"

这其实也是一种颇具仪式感的行为，目的就是给自己一种心理暗示。从某种意义上来说，这种仪式又好比行为的

"触发器"。人类行为背后都少不了触发因素，比如说吃饭是因为肚子饿了；穿更厚的衣服是因为感觉到寒冷。我们用固定的一套仪式来告诉自己应该去做某事，能帮助我们顺利地进入自律状态，有条不紊地完成原先的计划。

固定的时间和固定的行为一样，都可以触发习惯，比如说规定自己午饭后看书半小时等。试着把新习惯绑定在一个旧习惯上，会使我们的新习惯变得更容易做到。这就是习惯的仪式感。

拿跑步来说，它其实很累很难，但发朋友圈不难。一些人因为"打卡"将跑步坚持了下来，因为这份仪式感激起了他们对跑步重要性的认识，而当他们大汗淋漓地完成运动，自拍发朋友圈的时候，那份自己正在变好的满足感让跑步的动力变得越发强烈。

当我们开始着手一件事情时，不妨让它的启动充满"仪式感"。比如说，运动前高高绑起头发，换上崭新的运动套装和舒服的跑鞋，戴上耳机，在铿锵激昂的音乐中起跑。看书前，寻一个寂静的角落，在舒缓的音乐中冥思一会儿，待心绪完全平静下来再翻开书。

工作一整天后，人会变得身心疲乏，什么也不想做，以至于看见沙发就想躺着。那么如何利用习惯的仪式感来消除这种疲乏感，充分利用晚上的空闲时间呢？

培养简单的仪式感可以令自己迅速进入状态，比如每天晚饭后主动收拾碗筷、打扫卫生，然后洗个澡，让身心放松下来。当然，处理这些琐事时最好有时间限定，不要没完没了地沉陷进去。整理完毕后，坐在电脑前静心学习、创作，为自己营造一个和谐安静的氛围。

已经做好一份习惯养成计划，如果想要放弃计划、放纵自己时，就做一件有仪式感的事情。比如，周末看完一集电视剧，想要继续看下去便会打破之前设定的计划。在点击下一集前，先走到阳台凝视远方，回顾一下之前的誓言；或者翻开笔记本，整理一下计划表，这种种仪式都能起到缓冲作用，有助于拉回我们的理智，减轻放纵的欲望。

只是，一些人很容易陷入"只顾追求仪式却忽略行动"的怪圈，慢慢变成"看起来很努力"的那一群人。这其实是误解了仪式。所谓仪式，起的是锦上添花的作用，而不能添加过多，喧宾夺主。而且，仪式也并不一定要很隆重，重要的是，唤起我们内心的重视。而我们所珍视的一切都可化作生活中的仪式。

　　《小王子》里有这样的一句话："仪式感就是使某一天与其他日子不同，使某一时刻与其他时刻不同。"不妨把仪式当成一个按钮，当你去做某个特定的事情时，相当于按下进入另一个状态的按钮。让好的习惯"搭载"上更有意义的仪式，我们也就能成为一个无比自律的人。

意志力就像肌肉，
持续锻炼才能强大

凯利·麦格尼格尔所著的《自控力》说：意志力和肌肉一样遵循着"要么使用，要么消失"这一法则。

在另外一本书中看到一个绝妙的比喻：意志力仿佛一颗求知欲很强的大脑，你让它每天都练习写作，它就会变得越来越擅长写作；你让它不断学习音乐，它的乐理知识就会越来越丰富；你让它专注，它的注意力就会在不间断的练习中越来越容易集中。

这让我茅塞顿开。意志力既像大脑，又像身体肌肉，越使用越强大。当然，过度使用还是会疲劳的。可是，现实生活中，太多人以"意志力太薄弱"为借口轻易放弃了目标与梦想。可成功不仅靠先天条件，更靠后天拼搏。正因为意志力薄弱，我们才更应该锻炼意志力。

还记得当初看《欢乐颂》，一看到邱莹莹出现在屏幕上便心烦不已。因为她实在像极了现实生活中自己的投影。剧集开头，邱莹莹和关雎尔一起出去吃饭，剩下最后一个小笼包，面对关关的礼让，她迫不及待地将小笼包塞入口中，吃得格外香。

最让人想吐槽的是，每当邱莹莹受了委屈哭起来，声音总是惊天动地，五官也无法自控地扭曲起来。其他人却能够控制住情绪，拎得清场合。后来，关雎尔为了通过公司的考核，起早贪黑，变得越来越努力。邱莹莹却变得越来越懒惰，一会儿说自己要回家考公务员，一会儿又说想要考注册会计师，嘴里不停立誓，现实中做起来却都是三分钟热度……

心理学家介绍说，意志力一般用于4个方面：控制思维；控制情感；控制冲动；控制表现。如果我们像邱莹莹一样，甘心让自己的意志力做"宅男宅女"，认定自己是"废柴""天生没有意志力"，只怕会丧失原本就所剩无几的自控能力。

只有始终迎难而上，意志力才能一点点变得强大起来。就像邱莹莹后来转战咖啡店，她一改往日作风，不断挑战自己，不但整个人自信了很多，性格也变得坚毅起来。

想要让意志力持续增强，我们就要像运动员那样进行科学训练，一步一个脚印，不断提升极限。但在这之前，先要攻克自控的两大敌人：寄希望于未来的自己；"虚假希望综合征"。

很多人认为在不久的将来，自己一定能变得成熟而自律。这让他们的意志力屡屡受到挑战。努力的过程中产生类似的想法时，一定要坚决告诉自己：此刻若不迈出这一步，永远不可能有未来的自己。不要让虚妄的自信成为当下不自控的借口。

"虚假希望综合征"指的是，每当我们立誓要做出改变的时候，当下一定会觉得轻松，仿佛自己已经焕然一新。但紧接而来的却是失落，因为我们会发现改变没有那么容易。

不妨在立誓改变的当下，悲观一点儿。预测一下自己无法抵抗哪种诱惑，哪种情况下会违背誓言。思考一下集中注意力、抵抗诱惑的方法，意志力就很有可能会变得顽强一点儿。

现实生活中，可以尝试以下几种锻炼意志力的方法：

1. 利用小事锻炼意志力。很多人对生活小事付出的耐心不够，拿刷牙、洗脸来说，总是匆匆应付，敷衍了事。事实上，对小事有足够的专注力，才能将大事做到完美的地步。自从我认真对待生活中的每一件小事之后，意外和麻烦也变得少了起来。

2. 每天坚持读一篇枯燥却知识点密集的文章。我特意关注了一些优质公众号，将以往用于浏览娱乐新闻的时间节省下来，仔细阅读这些文章。即使不感兴趣，也逼着自己坚持下去。

3. 练习微笑。每天我都会花几分钟时间对着镜子练习微笑，只为找到最有感染力的笑容。没想到坚持久了，自信心竟得到明显的提升，整个人也变得更加热情有活力了。

4. 保持健康饮食和充足睡眠。长期睡眠不足的人更容易感受到压力，抵抗不住诱惑，也很难控制住情绪。其实，意志力与饮食、睡眠息息相关。

5. 坚持一项运动，比如健身。健身能够锻炼意志力，因为健身的难度可以逐级增加，而且相对于大脑活动来说，健身运动其实更容易坚持；另外，健身的反馈比其他事情来得更为快速明显，这会对人的意志力造成强烈的刺激。

6. 保持干净整洁。秩序感对意志力的提升至关重要，比如起床后叠被子，保持办公室桌面干净。干净整洁的环境会微妙地影响到我们的行为，让我们变得更自律一点儿。

罗振宇曾提出一个"利用社群压力提升意志力"的观点，这给了我一个启示：与肌肉锻炼不同的是，意志力和习惯能在不同社群间相互传染。比如说，我们早起跑步时，遇到其他跑步的人，他们会将意志力传给我们；上班的时候，跟喜欢闲聊的同事接触得久了，我们也会变得懒惰。所以，为了保持意志力，我们一定要自觉接触自律的人，以他们为榜样。

坚固得像钻石一样的意志力能引领着我们毫不松懈地朝着目标奋进，这时候一切困难都将迎刃而解。放弃种种借口，我们应该像锻炼肌肉一样锻炼自己的意志力。

图书在版编目（CIP）数据

自律的人，都拥有开挂的人生 / 齐露露著. – 长春: 吉林文史出版社, 2019.8

ISBN 978-7-5472-6563-5

Ⅰ . ①自… Ⅱ . ①齐… Ⅲ . ①自律 – 通俗读物 Ⅳ . ① C933.41-49

中国版本图书馆 CIP 数据核字 (2019) 第 175583 号

ZILÜ DE REN，DOU YONGYOU KAIGUA DE RENSHENG

书　　名	自 律 的 人 ， 都 拥 有 开 挂 的 人 生
作　　者	齐露露
责任编辑	靳宇婷
出版发行	吉林文史出版社
地　　址	长春市福祉大路 5788 号
邮政编码	130118
网　　址	www.jlws.com.cn
印　　刷	天津中印联印务有限公司
开　　本	880mm×1230mm　32 开
印　　张	8.75
字　　数	140 千
印　　数	1—5000 册
版　　次	2019 年 8 月第 1 版　2019 年 8 月第 1 次印刷
书　　号	ISBN 978-7-5472-6563-5
定　　价	49.90 元

如有印装问题请与印厂联系调换